Carl G. Hempel
Grundzüge der Begriffsbildung in der empirischen Wissenschaft

Wissenschaftstheorie der
Wirtschafts- und Sozialwissenschaften

Herausgegeben von

Gerald L. Eberlein und Werner Kroeber-Riel

Band 5

Carl G. Hempel

Grundzüge der Begriffsbildung in der empirischen Wissenschaft

Bertelsmann Universitätsverlag

Fundamentals of Concept Formation in Empirical Science, in: International Encyclopaedia Unified Science, Vol. II, No. 7, The University of Chicago Press, Chicago & London; The University of Toronto Press, Toronto 5, Canada.
Copyright 1952.
Aus dem Englischen von Hans-Joachim von Kondratowitz, vom Autor durchgesehene Übersetzung.

© 1974 Verlagsgruppe Bertelsmann GmbH/Bertelsmann Universitätsverlag, Düsseldorf
Umschlaggestaltung: studio für visuelle kommunikation, Düsseldorf
Satz: Margit Seifert, Erkrath
Druck und Buchbinderei: Lengericher Handelsdruckerei, Lengerich
Alle Rechte vorbehalten. Auch die fotomechanische Vervielfältigung des Werkes (Fotokopie/Mikrokopie) oder von Teilen daraus bedarf der vorherigen Zustimmung des Verlages.
Printed in Germany
ISBN 3-571-09069-1

Inhalt

Programm der Herausgeber. 7

Vorwort zur deutschen Ausgabe (1973) 9

Vorbemerkung des Übersetzers 11

I. Grundelemente der Definition 13
1. Einleitung 13
2. Über Nominaldefinitionen. 14
3. Über „Real"-Definitionen 17
4. Nominaldefinitionen in theoretischen Systemen 23

II. Methoden der Begriffsbildung in der Wissenschaft. 28
5. Das Vokabular der Wissenschaft: Technische Terme und Beobachtungsterme. 28
6. Definition vs. Reduktion auf eine Erfahrungsbasis. 30
7. Theoretische Konstrukte und ihre Interpretation. 35
8. Empirische und systematische Bedeutung wissenschaftlicher Terme – Bemerkung zum Operationalismus 42

III. Einige Grundtypen der Begriffsbildung in der Wissenschaft 51
9. Klassifikation. 51
10. Klassifikatorische vs. komparative und quantitative Begriffe . . 54
11. Komparative Begriffe und nichtmetrische Ordnungen. 57
12. Fundamentale Metrisierung 60
13. Abgeleitete Metrisierung 65
14. Additivität und Extensivität. 69

IV. Theoretische Begriffe und Theoriewandel: ein Nachwort (1974) 72
15. Das „Bedeutungsproblem" für theoretische Terme 72
16. Interpretation: Grundlage und Form 74
17. Interpretativsysteme: erkenntnistheoretischer Status 78
18. „Implizite Definition" theoretischer Terme 81

19. Theoriewandel und „Inkommensurabilität" 83
20. Theorien ohne bedeutungsbestimmende Sätze 87

Anmerkungen 90
Bibliographie 99

Programm der Herausgeber

Wissenschaftstheorie der Wirtschafts- und Sozialwissenschaften

Dem explosiven Aufschwung der Naturwissenschaften wird ein vergleichbarer Aufstieg der Wirtschafts- und Sozialwissenschaften folgen. Voraussetzung dafür wird eine wissenschaftstheoretische Basis sein, die das sozialwissenschaftliche Denken rationalisiert. Die Reihe

Wissenschaftstheorie der Wirtschafts- und Sozialwissenschaften

verfolgt das Ziel, die analytische Philosophie in den Dienst der Sozialwissenschaften zu stellen. Moderne Methoden und Ansätze der Wissenschaftstheorie dienen dazu, solche Probleme zu klären, die mit erfahrungswissenschaftlichen Mitteln nicht gelöst werden können. Im Mittelpunkt der Reihe werden Beiträge zur

- Kritik der einzelwissenschaftlichen Voraussetzungen
- Logik und Formalisierung von Aussagen
- Heuristik und Theoriekonstruktion
- Methodologie und Sprachanalyse

stehen. Die Titel werden als Monographien, Essays, Lehr- und Nachschlagewerke erscheinen, damit sich auch Studenten der Wirtschafts- und Sozialwissenschaften über den Stand der wissenschaftstheoretischen Diskussion in ihren Fächern unterrichten können.

Wissenschaftstheorie der Wirtschafts- und Sozialwissenschaften

will nicht ein neues Forum unverbindlichen Philosophierens und Räsonierens sein. Die Reihe wird konkrete Analysen von aktuellen Forschungsproblemen und wissenschaftstheoretisch fundierte Vorschläge für eine effektivere Forschung in den Wirtschafts- und Sozialwissenschaften vorlegen. Außerdem wirkt sie durch Förderung interdisziplinärer Kooperation am konstruktiven Zusammenschluß und an der Verallgemeinerung einzelwissenschaftlicher Ergebnisse mit.

Mit dieser Reihe gewinnt die deutschsprachige Auseinandersetzung mit der Theorie der Wirtschafts- und Sozialwissenschaften den Anschluß an die internationale Diskussion.

Die Reihe wird Themen aus folgenden Disziplinen behandeln:

1. *Moderne Formalwissenschaften* (als Hilfswissenschaften der Wirtschafts- und Sozialwissenschaften) wie Normenlogik, Werttheorie, Entscheidungstheorie, mathematische Statistik
2. *Interdisziplinäre Grundlagenwissenschaften* wie Kybernetik, Kommunikationsforschung, Linguistik, Verhaltensforschung, Praxeologie
3. *Wirtschaftswissenschaften* wie Volkswirtschaftslehre, politische Ökonomie, Betriebswirtschaftslehre, Unternehmensforschung und Ökonometrie, verhaltensorientierte Konsumforschung
4. *Gesellschafts- und Rechtswissenschaften* wie Psychologie und Sozialpsychologie, Soziologie, Politologie, Pädagogik, Kriminologie, Rechtstheorie

Saarbrücken, April 1971   *Gerald Eberlein*
                                       Werner Kroeber-Riel

Vorwort zur deutschen Ausgabe

Die ersten drei Kapitel dieses kleinen Buches erschienen im Jahre 1952 bei der University of Chicago Press als eine Monographie im Rahmen der *International Encyclopedia of Unified Science*. Seitdem haben weitere Untersuchungen bestimmte Aspekte der wissenschaftlichen Begriffsbildung in eine neue Perspektive gerückt. Es schien mir daher ratsam, dieser deutschen Ausgabe ein Kapitel anzufügen, das die Bedeutung dieser Entwicklungen für die früher besprochenen Themen behandelt.

Hauptthema des IV. Kapitels ist die im Rahmen des analytischen Empirismus herausgearbeitete begriffliche Zerlegung einer wissenschaftlichen Theorie in einen axiomatisch formulierten theoretischen Kalkül und ein System von interpretierenden Sätzen, die den Ausdrücken des Kalküls empirischen Gehalt verleihen. Wie ich zu zeigen versuche, veranlaßte die allmähliche kritische Verfeinerung dieser Auffassung einerseits eine Auflockerung der in den früheren Kapiteln dargelegten Ideen über die logische Form der interpretierenden Sätze und führte andererseits zur Verwerfung des Begriffs eines theoretisch neutralen Beobachtungsvokabulars zugunsten der Annahme eines mehr oder weniger theoretisch fundierten „vorgängig verfügbaren" Vokabulars, das eine empirische Interpretation theoretischer Ausdrücke ermöglicht. Diese Entwicklungen sind in den Abschnitten 15 und 16 dargestellt.

Die nächsten zwei Abschnitte untersuchen den Geltungsgrund der Interpretationssätze sowie derjenigen Axiome des theoretischen Kalküls, die nach Ansicht einiger Autoren die Grundbegriffe einer Theorie „implizit definieren". Angeregt besonders durch Quines Ideen, lehne ich hier die Auffassung ab, jene Sätze seien dadurch ausgezeichnet, daß ihre Wahrheit durch terminologische Festsetzung garantiert ist. Allgemeiner vertrete ich die Ansicht, daß die zunächst so einleuchtende Unterscheidung zwischen bedeutungsbestimmenden und empirischen Sätzen einer Theorie keiner klaren logischen oder methodologischen Kennzeichnung fähig ist.

Im Abschnitt 19 versuche ich zu zeigen, daß die von Feyerabend und von Kuhn entwickelten Begriffe der Inkommensurabilität von Theorien und des Bedeutungswechsels theoretischer Termini in einem analogen Sinn unklar sind.

Der Schlußabschnitt behandelt kurz die Frage, wie eine Theorie objektiv verstanden und angewandt werden kann, wenn für ihre Termini keine spezifisch bedeutungsbestimmenden Sätze festgelegt sind.

Ich bin Herrn Professor Gerald Eberlein zu Dank verbunden für seine Einladung, die vorliegende Monographie in der von ihm und Herrn Prof. Werner Kroeber-Riel herausgegebenen Schriftenreihe erscheinen zu lassen. Herrn Hans-Joachim v. Kondratowitz danke ich für seine sorgfältige und verständnisvolle Übersetzung des gesamten Textes.

Princeton, im Februar 1974 *Carl G. Hempel*

Vorbemerkung des Übersetzers

Bei der Übersetzung der Hempelschen Arbeit war darauf zu achten, daß das Vokabular der übersetzten Arbeit dem in der Wissenschaftstheorie üblichen Begriffsapparat angepaßt ist. Der Übersetzer hat sich bemüht, dem so weit wie möglich Rechnung zu tragen. Grundlage dieser Bemühungen war dabei das noch nicht abgeschlossene Werk von Wolfgang Stegmüller „Probleme und Resultate der Wissenschaftstheorie und der Analytischen Philosophie" (Berlin/Heidelberg/New York 1969 ff.). Besonders stark ist die Anlehnung an dieses Opus magnum in der Übersetzung von Teil III der Hempelschen Untersuchung — so wurde "fundamental measurement" bzw. "derived measurement" Stegmüllers Empfehlung folgend mit „fundamentale" bzw. „abgeleitete Metrisierung" übersetzt, um den Begriff der Messung ganz für die praktische Operation des Messens zu reservieren. Diese Übersetzung fand auch die Zustimmung von Carl Gustav Hempel, dem hier noch einmal für seine Hilfe zu danken ist. Zu achten ist auch auf die Differenzierung zwischen "empirical content" (hier übersetzt durch „empirischer Gehalt") und "empirical import" (hier übersetzt durch „empirische Bedeutung"). Dabei wird der Ausdruck „empirischer Gehalt" hauptsächlich mit Bezug auf Sätze und Satzsysteme (Theorien) verwendet, während der Ausdruck „empirische Bedeutung" mit Bezug auf Worte und andere Sprachausdrücke, die keine Sätze sind, benutzt ist.

Hans-Joachim von Kondratowitz

I. Grundelemente der Definition

1. Einleitung

Empirische Wissenschaft hat zwei Hauptziele: die Beschreibung einzelner Phänomene in der Welt unserer alltäglichen Erfahrung und die Errichtung allgemeiner Prinzipien, durch die jene erklärt und vorausgesagt werden können. Die erklärenden und voraussagenden Prinzipien einer wissenschaftlichen Disziplin sind in deren hypothetischen Generalisierungen und Theorien dargelegt. Sie kennzeichnen allgemeine Muster oder Regelmäßigkeiten, mit denen die individuellen Phänomene in Übereinstimmung stehen und mittels derer das Auftreten dieser Phänomene systematisch antizipiert werden kann.

In den Anfangsstadien wissenschaftlicher Forschung sind sowohl Beschreibungen als auch Verallgemeinerungen im Vokabular der Alltagssprache formuliert. Das Wachstum einer wissenschaftlichen Disziplin bringt jedoch immer die Entwicklung eines Systems spezialisierter, mehr oder weniger abstrakter Begriffe und einer entsprechenden technischen Terminologie mit sich. Aus welchen Gründen und mittels welcher Methoden werden diese speziellen Begriffe eingeführt und was leisten sie in wissenschaftlichen Theorien? Das sind die zentralen Fragen, die in dieser Monographie untersucht werden.

Die Annahme könnte plausibel erscheinen, daß wissenschaftliche Begriffe immer mittels Definition in Form anderer, bereits verstandener Begriffe eingeführt werden. Wie wir jedoch sehen werden, ist dies keineswegs allgemein der Fall. Nichtsdestoweniger stellt die Definition eine wichtige Methode der Begriffsbildung dar und wir werden deshalb damit beginnen, in Kapitel I die grundlegenden Prinzipien der allgemeinen Theorie der Definition einer eingehenden Prüfung zu unterziehen. Kapitel II wird die Methoden – definitionale und nichtdefinitionale – untersuchen, mittels derer wissenschaftliche Begriffe eingeführt werden. Diese Analyse wird zu einer genaueren Prüfung der Funktion von Begriffen in wissenschaftlichen Theorien führen und wird zeigen, daß Begriffsbildung und Theoriebildung in der Wissenschaft so eng miteinander verflochten sind, daß sie im Grunde genommen zwei unterschiedliche Aspekte der gleichen Vorgehensweise ausmachen. Kapitel III wird sich mit der Analyse von qualitativen und quantitativen Begriffen und Methoden in den empirischen Wissenschaften befassen. Kapitel IV behandelt neuere Ideen über die Logik und Methodologie der wissenschaftlichen Begriffsbildung.

Wir werden in dieser Arbeit einige Begriffe und Techniken der modernen Logik und gelegentlich auch ein wenig symbolische Notation benützen. Diese werden jedoch erläutert, so daß der Haupttext dieser Monographie auch ohne vorherige Kenntnis der symbolischen Logik verstanden werden kann. Einige Bemerkungen mehr technischer Natur wie auch Detailprobleme und bibliographische Hinweise sind in die Anmerkungen am Ende des Bandes aufgenommen worden[1].

2. Über Nominaldefinitionen

Das Wort „Definition" verwendet man heute in mehreren unterschiedlichen Bedeutungen. Für eine kurze Prüfung der Hauptbedeutungen des Begriffs wählen wir als Ausgangspunkt die aus der traditionellen Logik bekannte Unterscheidung zwischen „Nominal-" und „Real-"Definition. Eine Realdefinition wird als die Feststellung „essentieller Merkmale" irgendeiner Entität aufgefaßt, etwa wenn der Mensch als ein rationales Tier oder ein Stuhl als einzelner, beweglicher Sitz für eine Person definiert wird. Eine Nominaldefinition ist andererseits eine Vereinbarung, die lediglich eine alternative — gewöhnlich verkürzte — Bezeichnung für einen gegebenen linguistischen Ausdruck einführt, nach der Art der Festsetzung

(2.1) Das Wort „Tiglon" sei eine Kurzform für (d. h. synonym mit) den (dem) Ausdruck „Abkömmling eines Tigers und einer Löwin".

Im vorliegenden Abschnitt werden wir die Nominaldefinition diskutieren; im darauf folgenden die Realdefinition und ihre Relevanz für die wissenschaftliche Forschung.
Eine *Nominaldefinition* kann als Festsetzung des Inhalts charakterisiert werden, daß ein spezifizierter Ausdruck, das *Definiendum*, mit einem gewissen anderen Ausdruck, dem *Definiens,* synonym sein soll, dessen Bedeutung bereits bekannt ist. Eine Nominaldefinition kann deshalb in die Form

(2.2) Der Ausdruck E_2 sei synonym mit dem Ausdruck E_1
gebracht werden.

Diese Form wird durch die Definition der verständlichen Neuschöpfung „Tiglon" in (2.1) und durch die folgenden Definitionen wissenschaftlicher Begriffe exemplifiziert:

(2.3) Der Begriff „Americium" sei synonym mit dem Ausdruck „das Element, das 95 Kernprotonen besitzt".
(2.4) Der Begriff „antibiotisch" sei synonym mit (eine Kurzform für) dem (den) Ausdruck „bakteriostatischer oder bakterientötender chemischer Wirkstoff, der von lebenden Organismen produziert wird".

Ist eine Nominaldefinition in der Form (2.2) geschrieben, spricht sie deutlich über gewisse linguistische Ausdrücke, die ihr Definiendum und Definiens ausmachen. Daher muß sie Bezeichnungen für diese enthalten. Eine einfache und weitverbreitete Methode, eine Bezeichnung für einen Ausdruck zu bilden, ist das Verfahren, den Ausdruck zwischen Anführungszeichen zu setzen. Dieses Verfahren wurde in den vorangegangenen Beispielen anschaulich demonstriert und wird häufig in diesem Buch benützt werden.

Es gibt jedoch noch einen zweiten Weg, Definitionen zu formulieren, der ohne Anführungszeichen auskommt und den wir gelegentlich gebrauchen werden. In dieser alternativen Form würde die Definition (2.3) wie folgt aussehen:

(2.5) Americium = $_{Df}$ das Element mit 95 Kernprotonen.

Die Notierung „ = $_{Df}$" kann als „ist definitionsgemäß bedeutungsgleich zu", oder kürzer, „ist definitionsgemäß gleich" gelesen werden. Sie ist als Festsetzung der Synonymität der sie flankierenden Ausdrücke anzusehen. Es folgen noch zwei weitere Beispiele dieser Art, Nominaldefinitionen festzulegen:

(2.6) Der kephalische Index der Person x
$$=_{Df} 100 \; \frac{\text{maximale Schädelbreite der Person x}}{\text{maximale Schädellänge der Person x}}.$$
(2.7) x ist dolichokephal = $_{Df}$ x ist eine Person, deren kephalischer Index 75 nicht überschreitet.

Alle diese Definitionen haben die Form

(2.8) ——— = $_{Df}$ · · · · · · ,
wobei der Definiendumausdruck auf der Linken, der Definienausdruck auf der Rechten des Symbols definitorischer Gleichsetzung erscheint.

Den bisherigen Ausführungen entsprechend führt eine Nominaldefinition einen neuen *Ausdruck* ein, bzw. definiert diesen. Manchmal ist es allerdings ratsam und durchaus üblich, die Funktion einer Nominaldefinition in einer anderen Weise zu beschreiben: wir können sagen, daß eine Nominaldefinition einen bestimmten *Begriff* aussondert, d. h. eine nichtsprachliche Entität wie eine Eigenschaft, eine Klasse, eine Relation, eine Funktion oder ähnliches und eine besondere Bezeichnung zum Zwecke der leichten Bezugnahme festlegt. In diesem Sinne greift die Definition (2.5) eine bestimmte Eigenschaft heraus, nämlich die, ein chemisches Element zu sein, dessen Atome 95 Kernprotonen besitzen und gibt ihr eine Kurzbezeichnung. Diese zweite Charakterisierung ist durchaus vereinbar mit der ersten und erhellt die Bedeutung, in der, wie man oft sagt, eine Nominaldefinition einen *Begriff* definiert (im Unterschied zu dem ihn benennenden Ausdruck). Daher werden wir uns von hier ab erlauben, von einer Definition und später allgemeiner von Einführung sowohl in Hinsicht auf Ausdrücke wie auch auf Begriffe zu sprechen. Die Definition (2.6) z. B. soll alternativ den Ausdruck „kephalischer Index einer Person x" oder das Konzept des kephalischen Index einer Person definieren.

Der Ausdruck, der durch eine Nominaldefinition definiert ist, braucht nicht aus nur einem einzelnen Wort oder Symbol zu bestehen, wie in (2.5); er kann vielmehr auch eine in sich verbundene Wortgruppe sein, wie in (2.6) und (2.7). Insbesondere wenn der einzuführende Ausdruck nur in bestimmten festgelegten sprachlichen Kontexten benutzt werden soll, ist es ausreichend, Synonyma für solche Kontexte anstatt für den isolierten neuen Term vorzusehen. Eine Definition, die ein Symbol s einführt mittels der Festsetzung von Synonyma für bestimmte Ausdrücke, die s enthalten, aber nicht für s selbst, nennt man *Kontextualdefinition*. Wenn daher z. B. der Term „dolichokephal" nur in Kontexten der Form „soundso ist dolichokephal" benutzt werden soll, sind ausreichende Mittel zur Ausschaltung des Terms aus solchen Kontexten zur Verfügung gestellt. (2.7) liefert solche Mittel und ist damit eine Kontextualdefinition.

Die Vorstellung, daß der Definiendumausdruck einer adäquaten Nominaldefinition ausschließlich aus dem „neuen" einzuführenden Term bestehen muß, ist eine falsche Auffassung, die sich wahrscheinlich aus dem Grundsatz der klassischen Logik herleitet, nach der jede Definition im Verhältnis von *genus proximum* und *differentia specifica* festgesetzt werden muß, wie in der Definition

(2.9)   minderjährig $=_{Df}$ Person, jünger als 21 Jahre.

Diese Definition kennzeichnet im wesentlichen die Klasse der Minderjährigen als die Subklasse des Genus – Personen –, deren Mitglieder das besondere Merkmal auszeichnet, jünger als 21 Jahre als zu sein. Mit anderen Worten: die Klasse der Minderjährigen ist als das logische Produkt (der Schnitt) der Klassen der Personen und der Klasse der Lebewesen definiert, die jünger als 21 Jahre alt sind.

Der Lehrsatz, daß jede Definition diese Form haben muß, ist immer noch in Einführungslehrbüchern der Logik weithin anerkannt und ist manchmal der adäquaten Formulierung von Nominal- wie auch „Real"-Definitionen in der wissenschaftlichen Literatur und in Lexika ernsthaft hinderlich[2]. Tatsächlich ist dieser Lehrsatz aus mehreren Gründen nicht zu rechtfertigen. Einmal kennzeichnet eine Definition mittels genus und differentia eine Klasse oder eine Eigenschaft als das logische Produkt zweier anderer Klassen oder Eigenschaften; daher kann man diesen Definitionstyp nicht anwenden, wenn das Definiendum nicht eine Klasse oder Eigenschaft, sondern z. B. eine Relation oder Funktion ist. Man betrachte z. B. die folgende Kontextualdefinition der Relation „härter als" für Mineralien:

(2.10)   x ist härter als y $=_{Df}$ x schneidet y, aber y schneidet nicht x

oder die Kontextualdefinition der Durchschnittsdichte eines Körpers – ein Beispiel für das, was man in der Logik eine Funktion nennt:

(2.11)   Durchschnittsdichte von x $=_{Df} \dfrac{\text{Masse von x in gr}}{\text{Volumen von x in cm}^3}$.

Auf solche Fälle ist die traditionelle Vorschrift offensichtlich nicht anwendbar. Und man muß hier hervorheben, daß die Mehrzahl der in der heutigen Wissenschaft verwendeten Terme Relations- und Funktionsterme anstatt Klassen- oder Eigenschaftsterme sind. Insbesondere sind alle Terme, die metrische Größen wiedergeben, Funktionsterme und haben daher eine Form, die eine Definition mittels genus und differentia ganz und gar ausschließt. Wissenschaftsgeschichtlich widerspiegelt die genus-und-differentia-Regel die Tatsache, daß sich die traditionelle Logik fast ausschließlich mit Klassen- oder Eigenschaftskonzepten beschäftigt hat — eine Beschränkung, die sie für eine logische Analyse moderner Wissenschaft ungeeignet macht.

Jedoch nicht einmal Klassen- oder Eigenschaftsterme bedürfen immer der traditionellen Definitionsform. So kann z. B. eine Eigenschaft viel eher als die logische Summe bestimmter Eigenschaften anstatt als ein Produkt definiert werden. Dies wird durch die folgende Definition veranschaulicht, die vollkommen einwandfrei ist, jedoch weder Genus noch Differentia für das Definiendum festlegt:

(2.12)   Skandinavier = $_{Df}$ Däne oder Norweger oder Schwede oder Isländer.

Die Genus-und-Differentia-Form ist daher für eine adäquate Definition weder notwendig noch hinreichend. Tatsächlich muß die Nominaldefinition eines Terms nur eine Ausgangsbedingung erfüllen: sie muß die Eliminierung dieses Terms aus jeglichem Kontext, in dem es grammatisch auftreten kann, ermöglichen und zwar zugunsten anderer Aussagen, deren Bedeutung bereits verstanden wird. Grundsätzlich kann daher auf durch Nominaldefinition eingeführte Zeichen völlig verzichtet werden: „Ein Zeichen zu definieren, heißt zu zeigen, wie man es vermeidet"[3].

3. Über „Real"-Definitionen

Gemäß der traditionellen Logik ist eine „Real"-Definition nicht eine Festsetzung, die die Bedeutung eines Ausdrucks festlegt, sondern die Feststellung der „essentiellen Beschaffenheit" oder der „essentiellen Attribute" einer Entität. Der Begriff einer essentiellen Beschaffenheit ist jedoch so vage, daß diese Charakterisierung für die Zwecke strenger Forschung unbrauchbar ist. Trotzdem ist es oft möglich, die Suche nach einer Realdefinition in einer Weise neuzuinterpretieren, die eine Bezugnahme auf „essentielle Beschaffenheit" oder „essentielle Attribute" nicht mehr erforderlich macht, nämlich als Suche nach einer empirischen Erklärung eines Phänomens oder nach einer Bedeutungsanalyse. So bedeutet z. B. die bekannte Äußerung, daß die Biologie uns bis jetzt keine Definition des Lebens geben kann, offensichtlich nicht, daß man die Möglichkeit in Abrede stellt, eine Nominaldefinition für den Term „Leben" zu formulieren. Es wird vielmehr vorausgesetzt, daß der Term „Leben" (oder anders „lebender Organismus") eine ziemlich fest umrissene Bedeutung besitzt, die wir wenigstens intuitiv begreifen. Und es wird im wesentlichen behauptet, daß es zum gegenwärtigen Zeitpunkt nicht möglich ist, in nichttrivialer Weise explizite und allgemeine Kriterien des Lebens zu bestimmen, d. h. Bedingungen, die gerade durch solche Phänomene erfüllt wird, die, herkömmliche Bedeutung des Terms entsprechend, Beispiele des Lebens sind. Eine Realdefinition des Lebens würde dann in einem Äquivalenzsatz der Form

(3.1a)   x ist ein lebender Organismus dann und nur dann, wenn x der Bedingung C genügt

bestehen oder in verkürzender Symbolisierung

(3.1b)   Lx - Cx.

Hier ist „C" eine Kurzform für einen Ausdruck, der eine mehr oder weniger komplexe Menge von Bedingungen anzeigt, welche zusammen notwendig und hinreichend sind. Eine solche Menge von Bedingungen wird von Hutchinson[4] im folgenden Zitat vorgeschlagen:

> Es ist zuerst wesentlich zu verstehen, was man unter „lebendem Organismus" versteht. Die notwendige und hinreichende Bedingung für ein Objekt, um als lebender Organismus kenntlich und damit auch Gegenstand biologischer Forschung zu sein, ist: eine diskrete Materiemasse mit einer klaren Grenze zu sein, die in ständigem stofflichen Austausch mit ihrer Umwelt ohne manifeste Eigenschaftsveränderung über kurze Zeitspannen steht, und die, wie man durch direkte Beobachtung oder mittels Analogie mit anderen Objekten derselben Klasse ermitteln kann, aus einem Prozeß der Teilung oder der Fraktionierung von einem oder zwei vorher existierenden Objekten derselben Art herrührt. Das Kriterium des wechselseitigen stofflichen Austauschs kann begrifflich als *metabolisches Kriterium,* das des Ursprungs von einem vorher existierenden Objekt derselben Klasse als *reproduktives Kriterium* gefaßt werden.

Wenn wir das Merkmal, eine diskrete Masse mit klaren Grenzen zu sein, durch „D" und die metabolischen und reproduktiven Kriterien durch „M" bzw. „R" ausdrücken, kann Hutchinsons Charakterisierung des Lebens wie folgt geschrieben werden:

(3.2)   Lx $Dx \cdot Mx \cdot Rx$

d. h., ein Ding x ist ein lebender Organismus dann und nur dann, wenn x das Merkmal besitzt, eine diskrete Masse etc. zu sein und x dem metabolischen Kriterium und x dem reproduktiven Kriterium genügt.

Wie die zitierte Stelle zeigt, wird diese Äquivalenz nicht als eine, den Gebrauch des Terms „lebend" betreffende Verabredung unterbreitet, sondern vielmehr als Behauptung mit dem Anspruch auf Wahrheit. Wie kann eine solche Behauptung validiert werden? Zwei Möglichkeiten bieten sich an:

Von dem Ausdruck auf der rechten Seite von (3.2) mag behauptet werden, er sei synonym mit dem Satz „x ist ein lebender Organismus". In diesem Falle charakterisiert die „Real"-Definition die Bedeutung des Terms „lebender Organismus". Sie stellt das dar, was wir eine *Bedeutungsanalyse* — oder eine *analytische Definition* — dieses Terms nennen werden (oder, in anderer Ausdrucksweise, des Begriffs des lebenden Organismus). Ihre Validierung erfordert daher allein eine Reflektion über die Bedeutung der sie konstituierenden Ausdrücke und keine empirische Untersuchung der Merkmale lebender Organismen.

Andererseits könnte die „Real"-Definition (3.2) aber auch behaupten wollen, daß nicht der Satz „x ist ein lebender Organismus" dieselbe Bedeutung hat wie der Ausdruck auf der Rechten, sondern daß vielmehr als Erfahrungstatsache den drei Bedingungen D, M und R solche und nur solche Objekte gleichzeitig genügen, die auch lebende Dinge sind. Der Satz (3.2) hätte dann den Charakter eines empirischen Gesetzes und seine Validierung erforderte Bezug auf empirisches, die Merkmale von Lebewesen betreffendes Beweismaterial. In diesem Falle drückt (3.2) das aus, was wir eine *empirische Analyse* der Eigenschaft, ein lebender Organismus zu sein, nennen werden.

Es ist nicht ganz klar, welche der beiden Auffassungen die zitierte Stelle ausdrücken wollte; der erste Satz legt eine Bedeutungsanalyse nahe.

Empirische Analyse und Bedeutungsanalyse unterscheiden sich voneinander und von der Nominaldefinition. Empirische Analyse kümmert sich nicht um sprachliche Ausdrücke und ihre Bedeutung, sondern um empirische Phänomene: sie bestimmt Merkmale, die als Erfahrungstatsachen notwendig wie auch hinreichend für die Realisierung des Phänomens sind, das analysiert werden soll. Gemeinhin wird ein Satz, der eine empirische Analyse ausdrückt, den Charakter eines allgemeinen Gesetzes besitzen; so, wenn Luft als bestimmt proportionierte Mischung aus Sauerstoff, Stickstoff und inaktiven Gasen charakterisiert wird. Empirische Analyse in Form von allgemeinen Gesetzen ist ein Spezialfall wissenschaftlicher *Erklärung*, die auf die Subsummierung empirischer Phänomene unter allgemeine Gesetze oder Theorien abzielt.

Dagegen haben Nominaldefinition und Bedeutungsanalyse mit den Bedeutungen sprachlicher Ausdrücke zu tun. Aber während eine Nominaldefinition einen „neuen" Ausdruck einführt und ihm Bedeutung durch Festsetzung zuweist, befaßt sich eine analytische Definition mit einem bereits in Gebrauch befindlichen Ausdruck – er sei *Analysandumausdruck* oder, kürzer, das *Analysandum* genannt – und expliziert seine Bedeutung mittels Bestimmung eines synonymen Ausdrucks, dem *Analysans*, das natürlich schon vorher verstanden werden muß.

Wörterbücher natürlicher Sprachen wollen analytische Definitionen für die Wörter dieser Sprachen zur Verfügung stellen. Häufig ergänzen sie jedoch ihre Bedeutungsanalysen durch Tatsacheninformationen über den vorliegenden Gegenstand, wenn z. B. unter der Überschrift „Chlor" die chemische Charakterisierung der Substanz durch die Erwähnung ihres Gebrauchs in verschiedenen industriellen Verfahren ergänzt wird.

Der hier umrissenen Vorstellung gemäß ist eine analytische Definition eine Bestimmung, die in dem Maße wahr oder falsch ist als ihr Analysans mit ihrem Analysandum synonym ist oder nicht. Offensichtlich setzt diese Vorstellung einer analytischen Definition eine Sprache voraus, deren Ausdrücke präzis bestimmte Bedeutungen besitzen – so daß von je zwei Ausdrücken gesagt werden kann, ob sie synonym sind oder nicht. Diese Bedingung wird jedoch höchstens von künstlichen Sprachen erfüllt, und sicherlich genügen natürliche Sprachen ihr im allgemeinen nicht. Um die Bedeutung eines Ausdrucks in einer gegebenen natürlichen Sprache, die von einer besonderen Sprachgemeinschaft benutzt wird, zu bestimmen, hätte man natürlich die Bedingungen zu ermitteln, unter denen die Mitglieder dieser Gemeinschaft den fraglichen Ausdruck gebrauchen, oder besser: veranlaßt werden, ihn zu gebrauchen. Um z. B. die Bedeutung des Wortes „Hut" im heutigen Deutsch, wie man es in der BRD spricht, zu ermitteln, hätten wir zu bestimmen, auf welche Objektarten – gleichgültig, ob sie wirklich vorkommen oder nicht – das Wort „Hut" gemäß heutigem Gebrauch angewendet würde. In diesem Sinne setzt die Vorstellung einer Analyse „der" Bedeutung eines gegebenen Ausdrucks voraus, daß die Bedingungen seiner Anwendung (1) für jeden Benutzer der Sprache wohl bestimmt sind und (2) gleich sind für alle Benutzer während des vorliegenden Zeitabschnitts. Wir werden uns auf diese zwei Voraussetzungen als Bedingungen der *Determinanz* und der (personalen und interpersonalen) *Uniformität des Gebrauchs* beziehen. Offensichtlich wird keine von beiden voll von irgendeiner natürlichen Sprache erfüllt. Selbst wenn wir uns über die Vieldeutigkeit hinwegsetzen, die in Worten wie „Feld" und „Gruppe", von denen jedes mehrere getrennte Bedeutungen besitzt, offenbar wird, bleiben die Tatsachen der Vagheit (Fehlen der Determinanz) und der Inkonsistenz des Gebrauchs[5]. So ist z. B. der Term „Hut" vage; d. h. verschiedene Objektarten könnten beschrieben oder sogar präsentiert werden, bei denen man unschlüssig wäre, ob man auf sie den Begriff anwenden sollte oder nicht. Zusätzlich legt der Gebrauch des Terms bestimmte Inkonsistenzen zwischen verschiedenen Benutzern und sogar demselben Benutzer des heutigen Deutsch nahe; d. h. man könnte sich Beispiele vorstellen oder sie sogar wirklich aufzeigen, wo verschiedene Benutzer oder sogar der gleiche Benutzer zu verschiedenen Zeitpunkten verschiedene Urteile darüber fällen würden, ob der Begriff auf solche Beispiele anwendbar ist.

Diese Überlegungen gelten für das Analysandum wie auch für das Analysans einer analytischen Definition in einer natürlichen Sprache. Folglich beruht die Vorstellung einer wahren analytischen Definition, d. h. einer Definition, in der die Bedeutung des Analysans gleich der des Analysandums ist, auf einer unhaltbaren Voraussetzung. In vielen Fällen existiert jedoch für einen Ausdruck in einer natürlichen Sprache eine Klasse von Kontexten, in denen ihr Gebrauch praktisch einheitlich ist (für das Wort „Hut" bestände diese Klasse aus all den Kontexten, in denen praktisch jeder den Term anwenden würde und Zusammenhängen, in denen dies niemand täte). Analytische Definitionen in einer natürlichen Sprache können daher wenigstens als mehr oder weniger adäquat bestimmt werden, und zwar dem Grad entsprechend, in dem einheitlicher Gebrauch des Analysandums mit dem des Analysans zusammenfällt. Wenn wir im folgenden von analytischen Definitionen für Ausdrücke in einer natürlichen Sprache sprechen oder diese formulieren, meinen wir entsprechend Charakterisierungen von annähernd einheitlichen Gebrauchsmustern.

Bedeutungsanalyse oder analytische Definition im reinen, bisher betrachteten deskriptiven Sinn muß von einem anderen Verfahren unterschieden werden, das gleichermaßen in dem vagen traditionellen Begriff der Realdefinition angedeutet ist. Dieses Verfahren wird oft logische Analyse oder rationale Rekonstruktion genannt, aber wir werden es, dem Vorschlag Carnaps folgend, als *Explikation* bezeichnen[6]. Explikation befaßt sich mit Ausdrücken, deren Bedeutung in der Umgangssprache oder sogar in wissenschaftlichen Abhandlungen mehr oder weniger vage ist (wie „Wahrheit", „Wahrscheinlichkeit", „Zahl", „Grund", „Gesetz", „Erklärung" – um einige typische Objekte explikativer Analyse zu erwähnen) und sie bezweckt, solchen Ausdrücken eine neue und präzise Bedeutung zu geben, um sie für eine klare und strenge Erörterung des vorliegenden Gegenstandsbereichs brauchbarer zu machen. Die Theorie der Arithmetik von Frege-Russell und Tarskis semantische Definition der Wahrheit sind hervorragende Beispiele der Explikation[7]. Zu den in diesen Theorien vorgeschlagenen Definitionen gelangt man nicht einfach durch eine Analyse der gebräuchlichen Bedeutungen. Sicherlich haben die Überlegungen, die zu den präzisen Definitionen führen, sich ursprünglich vom Bezug auf gebräuchlichen wissenschaftlichen und umgangssprachlichen Gebrauch leiten lassen; aber schließlich werden die nach Verdeutlichung verlangenden Sachverhalte so subtil, daß eine Untersuchung des vorherrschenden Gebrauchs nicht länger erkenntniserschließend ist. Daher wird die Zuordnung präziser Bedeutungen zu den zu explizierenden Termen vielmehr eine Angelegenheit verständiger Synthese, eine Sache rationaler Rekonstruktion als bloß deskriptiver Analyse: ein Explikationssatz deckt nicht einfach die gemeinhin akzeptierte Bedeutung eines zu untersuchenden Ausdrucks auf, sondern schlägt eine spezifizierte neue und präzise Bedeutung für ihn vor.

Da Explikationen den Charakter von Vorschlägen haben, können sie nicht als wahr oder falsch bestimmt werden. Trotzdem sind sie keineswegs willkürliche Verabredungen, da sie zwei Hauptanforderungen erfüllen müssen. Erstens: die explikative Reinterpretation eines Terms, oder — wie es oft der Fall ist — einer Menge in Verbindung stehender Terme, muß uns in Sätzen von syntaktisch präziser Form die Reformulierung wenigstens eines großen Teils dessen erlauben, was gemeinhin mittels der betrachteten Terme ausgedrückt wird. Zweitens: es sollte möglich sein, ein umfassendes, strenges und stimmiges theoretisches System in Form der rekonstruierten Konzepte zu entwickeln. So gibt z. B. die Rekonstruktion der Arithmetik durch Frege und Russell den arithmetischen Termen eine klare und einheitliche Bedeutung sowohl in rein mathematischem Zusammenhang, wie „7 + 5 = 12", als auch in ihrer Anwendung auf das Zählen, wie in dem Satz „Die Sonne hat 9 größere Planeten" (eine rein axiomatische Entwicklung der Arithmetik würde dies nicht zustande bringen). Und die vorgeschlagene Rekonstruktion liefert die Grundlage für die deduktive Entwicklung der reinen Arithmetik in der Weise, daß alle bekannten Grundgesetze der Arithmetik bewiesen werden können.

Explikation ist jedoch nicht auf logische und mathematische Begriffe beschränkt. So sind z. B. die Auffassungen der Zweckgerichtetheit und des adaptiven Verhaltens, deren Vagheit viel verschwommene und ergebnislose Streitereien über die spezifischen Merkmale biologischer Vorgänge begünstigt hat, Objekt systematischer Explikationsversuche geworden[8]. Und ebenso ist das Grundziel der Suche nach einer „Definition" des Lebens eine präzise und theoretische fruchtbare Explikation oder Rekonstruktion des Begriffs. Ähnlich kreist die Kontroverse darüber, ob eine befriedigende Definition der Persönlichkeit durch rein psychologische Terme erreichbar ist oder die Bezugnahme auf einen kulturellen Rahmen[9] erfordert, um die Frage, ob eine einwandfreie explikatorische oder vorhersagende Theorie der Persönlichkeit ohne die Verwendung soziokultureller Parameter möglich ist. Infolgedessen ist dies Problem ein Problem der Explikation.

Die Explikation einer gegebenen Menge von Termen verknüpft somit wesentliche Aspekte der Bedeutungsanalyse und der empirischen Analyse. Ausgehend von den gebräuchlichen Bedeutungen der Terme, bezweckt Explikation die Verringerung der Beschränkungen, Doppeldeutigkeiten und Inkonsistenzen ihres gewöhnlichen Gebrauchs durch den Vorschlag einer Reinterpretation in der Absicht, die Klarheit und Präzision ihrer Bedeutungen als auch ihre Leistungsfähigkeit in Hypothesen und Theorien von erklärender und voraussagender Kraft zu erhöhen. So verstanden, kann eine Explikation nicht einfach als wahr oder falsch bestimmt werden. Sie kann aber als mehr oder weniger adäquat bezeichnet werden, und zwar dem Ausmaß entsprechend, mit dem sie ihre Ziele erreicht.

Zum Abschluß soll eine wichtige, aber häufig vernachlässigte Anforderung erwähnt werden, die für analytische Definitionen und Explikationen wie auch für Nominaldefinitionen gilt. Wir werden sie die *Anforderung der syntaktischen Determinanz* nennen: eine Definition muß die syntaktische Stellung, oder kürzer, die Syntax des Ausdrucks anzeigen, den sie expliziert oder definiert; d. h. sie muß die logische Form der Zusammenhänge, in denen der Term gebraucht werden soll, klar machen. So kann z. B. das Wort „Ehemann" in zwei verschiedenen Kontextformen auftreten, nämlich „x ist der Ehemann von y" und „x ist ein Ehemann". Im ersten Kontexttyp, veranschaulicht durch den Satz „Prinz Albert war der Ehemann der Königin Victoria", ist das Wort „Ehemann" als ein *Relationsterm* benutzt: es muß durch zwei Ausdrücke, die sich auf Individuen beziehen, ergänzt werden, um einen Satz zu bilden. In Zusammenhängen der zweiten Art, wie „Hans Schmidt ist ein Ehemann", ist das Wort als ein *Eigenschaftsterm* benutzt, der nur eine Ergänzung durch lediglich einen Individuennamen erfordert, um einen Satz zu bilden. Einige Standardwörterbücher definieren den Term „Ehemann" jedoch nur mittels solcher Wendungen wie „Mann, der mit einer Frau verheiratet ist", was kein explizites Kennzeichen ihrer Syntax gibt, sondern den ausschließlichen Gebrauch als Eigenschaftsterm nahelegt, der für verheiratete Männer gilt. Damit wird jedoch der relationale Gebrauch des Terms nicht beachtet, der in Wirklichkeit der weitaus häufigere ist. Auf ähnliche Weise legt die Explikation des Wörterbuchs für das Wort „Zwilling" als „eines von zwei bei einer Geburt geborenen Kindern" deutlich den Gebrauch des Worts als Eigenschaftsterm nahe, d. h. in Zusammenhängen der Form „x ist ein Zwilling", was in Wirklichkeit ziemlich selten ist, und ignoriert seinen weit verbreiteten relationalen Gebrauch in Zusammenhängen der Form „x und y sind Zwillinge". Diese Unzulänglichkeit vieler Explikationen spiegelt den Einfluß der klassischen Logik mit ihrem Beharren darauf wieder, daß alle Sätze nach dem Subjekt-Prädikat-Typ zu konstruieren seien, was die Interpretation aller Prädikate als Eigenschaftsterme erforderlich macht. Versuche, dieser Situation abzuhelfen, werden wahrscheinlich durch die Schwerfälligkeit adäquater Formulierungen im Deutschen vereitelt, was jedoch durch den Gebrauch von Variablen bedeutend verringert werden könnte. Ein Stichwort in einem Wörterbuch könnte dann in etwas schematisierter Form so lauten:

Ehemann: (1) x ist ein E. von y: x ist eine männliche Person und x ist verheiratet mit y;
 (2) x ist ein E.: X ist eine männliche Person, die mit irgendeiner y verheiratet ist.[10]

Nominaldefinitionen müssen derselben Anforderung genügen: ein Term ist sicherlich nicht definiert worden, wenn nicht einmal seine Syntax spezifiziert wurde. In den Definitionen des Abschnitts 2 ist diese Bedingung dadurch erfüllt, daß das Definiens in einer Weise formuliert ist, die unzweideutig seine syntaktische Stellung widerspiegelt. In einigen von ihnen sind Variable zur größeren Klarheit benutzt worden. In ähnlicher Weise muß die Definition eines Terms wie „Kraft" in der Physik zeigen, daß der Term in Sätzen der Form „Die Kraft, die zum Zeitpunkt t auf Punkt P einwirkt, ist gleich dem Vektor f" auftreten kann. Zum Kontrast betrachte man jetzt das Konzept der Vitalkraft oder Entelechie, wie es von den Neovitalisten eingeführt wurde, um bestimmte biologische Phänomene zu erklären, die von ihnen als grundsätzlich jeglicher Erklärung mittels physikochemischer Theorien unzugänglich betrachtet wurden. Der Term „Vitalkraft" wird so ungenau benutzt, daß noch nicht einmal seine Syntax aufgezeigt wird. Kein klarer Anhaltspunkt ist gegeben, ob er eine Eigenschaft oder ein Skalar oder eine Vektorgröße etc. ausdrücken soll, noch ob er Organismen, biologischen Prozessen oder irgendetwas anderem zuzuordnen ist. Daher ist der Term für die Formulierung einer selbst gemäßigt präzisen Hypothese oder Theorie ungeeignet — folglich kann er nicht die Erklärungskraft besitzen, die ihm zugeschrieben wird.

Eine gute Veranschaulichung der Relevanz syntaktischer Determinanz stellt das Konzept der Wahrscheinlichkeit dar. Die Definitionen alter Lehrbücher, die von „der Wahrscheinlichkeit eines Ereignisses" sprechen und damit Wahrscheinlichkeiten als numerische Merkmale individueller Ereignisse darstellen, übersehen oder verbergen die Tatsache, daß Wahrscheinlichkeiten in Bezug stehen zu — und sich verändern mit — einer Bezugsklasse (im Falle des statistischen Konzepts der Wahrscheinlichkeit) oder einer spezifischen Information (im Falle des logischen Konzepts der Wahrscheinlichkeit) und somit numerische Funktionen nicht eines, sondern zweier Argumente sind. Nichtbeachtung dieses Punkts ist die Quelle verschiedener Wahrscheinlichkeits-„Paradoxa", in denen gezeigt wird, daß „das gleiche Ereignis" verschiedene Wahrscheinlichkeiten besitzt, -Paradoxa, die in Wirklichkeit aus einer stillschweigenden Verschiebung im Bezugssystem resultieren.

4. Nominaldefinitionen in theoretischen Systemen

Nominaldefinitionen spielen die wichtigste Rolle in der Formulierung wissenschaftlicher Theorien. Im folgenden Abschnitt werden wir die grundlegenden logischen Elemente betrachten, die ihren Gebrauch dafür regeln[11].

Unter dem vollständigen Vokabular einer Theorie T wollen wir die Klasse aller Worte oder anderer Zeichen verstehen, die in den Sätzen von T vorkommen. Das vollständige Vokabular jeder wissenschaftlichen Theorie enthält bestimmte Terme, die zum Vokabular der Logik und Mathematik gehören, wie „nicht", „und", „oder", „wenn ... dann —", „alle", „einige" etc., bzw. deren symbolische Äquivalente; weiterhin Symbole für Zahlen wie auch für Operationen mit ihnen und Relationen zwischen ihnen; und schließlich Variable oder äquivalente Verbalausdrücke. Die Differenz zu diesen Termen im vollständigen Vokabular einer Theorie T wird das *extralogische Vokabular,* oder kurz, das *Vokabular* von T genannt werden. Abgesehen von einigen wenigen Ausnahmen, die hauptsächlich dem Zwecke der Veranschaulichung dienen, werden wir hier nur die Definition extralogischer Terme in wissenschaftlichen Theorien erörtern.

Obgleich viele Terme im Vokabular einer Theorie mittels anderer definiert werden können, ist dies nicht für alle möglich wegen, kurz gesagt, eines infiniten Regresses, in dem der Prozeß des Definierens eines Terms niemals zu einem Ende kommen würde, oder wegen eines Definitionszirkels, in dem bestimmte Terme mittelbar oder unmittelbar durch sich selbst definiert würden. In Lexika begegnet man tatsächlich solchen Definitionszirkeln, wo man z. B. „Eltern" als „Vater oder Mutter" definiert findet und dann umgekehrt „Vater" durch „männlicher Elternteil" und „Mutter" durch „weiblicher Elternteil". Dies ist einwandfrei für den Typ von analytischer Definition, der von den Lexika beabsichtigt ist. Im Zusammenhang der Nominaldefinition in wissenschaftlichen Theorien ist solche Zirkularität unzulässig, weil sie den Zweck der Nominaldefinition zunichte macht, nämlich den, eine geeignete Bezeichnung einzuführen, die jeder Zeit zugunsten der definierenden Ausdrücke eliminiert werden kann. Ein infiniter Definitionsregreß muß aus dem gleichen Grund ausgeschlossen werden.

Damit ist das Vokabular einer Theorie in zwei Klassen eingeteilt: die *definierten Terme*, d. h. solche, die mittels Definition in Form anderer Ausdrücke des Vokabulars eingeführt werden, und die sogenannten *primitiven Terme*, oder *Primitiva*, mittels derer alle anderen Terme des theoretischen Vokabulars letztlich definiert sind. Obgleich die Primitiva selbst nicht in der Theorie definiert sind, können ihnen nichtsdestoweniger spezifische Bedeutungen zugeordnet sein. Methoden zur Durchführung einer solchen Interpretation der Primitiva sollen später betrachtet werden.

Als Beispiel mag die Definition einer Menge von Worten dienen, die in einer Theorie der Familienbeziehungen benutzt werden könnten. Als Primitiva wählen wir die Worte „Mann" und „Kind". Das erste Wort wird als ein Eigenschaftsterm gebraucht, d. h. in Zusammenhängen der Form „x ist ein Mann", oder kurz, „Mann x"; das zweite Wort wird für einen Relationsterm stehen, d. h. in Zusammenhängen der Form „x ist ein Kind von y", oder kurz, „x Kind y". Für die Formulierung unserer Definitionen benutzen wir neben dem Punktsymbol der Konjunktion, auch das Verneinungszeichen „ $\sim$ " (gelesen „es ist nicht der Fall, daß") und das Zeichen für einen Existentquantikator — „(Ez) (....)" steht für „es existiert wenigstens eine Entität z derart, daß...". Als unseren Gegenstandsbereich, d. h. die Gesamtheit der zu betrachtenden Objekte wählen wir die Klasse der Menschen. Nun legen wir folgende Definitionen fest:

(4.1a)   x Elternteil y $=_{Df}$ y Kind x
(4.1b)   x Vater y $=_{Df}$ Mann x · x Elternteil y
(4.1c)   x Mutter y $=_{Df}$ x Elternteil y · $\sim$ x Vater y
(4.1d)   x Großelternteil y $=_{Df}$ (Ez) (x Elternteil z · z Elternteil y)
(4.1e)   x Großmutter y $=_{Df}$ $\sim$ Mann x · x Großelternteil y

Wie das Symbol „$=_{Df}$" anzeigt, müssen diese Sätze als Nominaldefinitionen verstanden werden, obwohl die den Definienda zugewiesenen Bedeutungen von alltäglichem Gebrauch sind, wenn die Primitiva in ihren herkömmlichen Bedeutungen verwendet wurden. Die Definition (4.1a) z. B. kann so als die Festsetzung umschrieben werden, daß „x ist ein Elternteil von y" synonym sein soll mit „y ist ein Kind von x", während (4.1d) die Verabredung bestimmt, daß „x ist ein Großelternteil von y" dasselbe bedeuten soll wie „x ist ein Elternteil eines z, der ein Elternteil von y ist".

Dabei muß bemerkt werden, daß keine dieser Definitionen die Genus-und-Differentia-Form hat und daß zusätzlich zwei von ihnen, (4.1c) und (4.1e), in Termen abgefaßt sind, die die klassische Logik „negative Terme" nennen würde. Das traditionelle Verbot von Definitionen in negativen Termen[12] besitzt keinerlei theoretische Rechtfertigung. Tatsächlich ist es ausgesprochen fraglich, ob man eben dieser Unterscheidung zwischen positiven und negativen Konzepten irgendeine präzise Bedeutung, deren Existenz ja vorausgesetzt wird, geben kann.

Wie die Formulierungen (4.1) zeigen, ist jeder definierte Term in einer Theorie mit den Primitiva durch eine „Kette" von einer oder mehreren Definitionen verknüpft. Dies macht es möglich, jegliches Auftreten eines definierten Terms zugunsten von Ausdrücken zu eliminieren, in denen alle extralogischen Symbole Primitiva sind. So ist auf Grund von (4.1a) „Elternteil" direkt zugunsten von „Kind" eliminierbar. Die Eliminierung des Wortes „Vater" erfordert die Benutzung zweier Definitionen; und der Term „Großmutter" ist der definitorischen Basis durch eine Kette von drei Definitionen verbunden, aufgrund derer der Ausdruck „x Großmutter y" immer von dem folgenden Ausdruck, der nur Primitiva enthält, ersetzt werden kann: „Mann x · (Ez) (z Kind x · y Kind z)". Ganz allgemein ist eine *Definitionskette* für einen Term t, basierend auf einer gegebenen Klasse von Primitiva, eine endliche, geordnete Menge von Definitionen. In beiden ist jeder Term, der im Definiens auftritt, entweder einer der gegebenen Primitiva oder ist in einer der vorausgehenden Definitionen der Kette definiert; das Definiendum der letzten Definition ist der Term t.

Da jeder mittels Definition eingeführte Ausdruck – d. h. mittels eines einzelnen Definitionssatzes oder einer Kette solcher Sätze – zugunsten von Primitiva eliminiert werden kann, darf, wenigstens theoretisch, auf Nominaldefinitionen ganz verzichtet werden: alles, was mit Hilfe definierter Terme gesagt werden kann, ist auch durch Primitiva allein ausdrückbar. Aber schon in unserem einfachen Beispiel stellen die durch Definition eingeführten Kurzzeichen eine bemerkenswerte Erleichterung dar; und in den komplexen theoretischen Systemen der Logik, Mathematik und empirischen Wissenschaften sind Definitionen praktisch unverzichtbar. Denn die Formulierung solcher Theorien ausschließlich in Form von Primitiva würde sich so kompliziert gestalten, daß sie unverständlich würden. Noch nicht einmal die einigermaßen fortgeschrittenen wissenschaftlichen Disziplinen könnten ohne den ausgiebigen Gebrauch von Nominaldefinitionen verstanden werden, geschweige denn hätten sie ohne ihn entwickelt werden können.

Die Nominaldefinitionen in einer wissenschaftlichen Theorie sind einer Grundbedingung unterworfen, die wir wiederholt erwähnt haben: sie müssen die Eliminierung aller definierten Terme zugunsten von Primitiva erlauben. Ausführlicher kann die Bedingung so formuliert werden:

Bedingung der eindeutigen Eliminierbarkeit definierter Ausdrücke:

Für jeden Satz S, der definierte Ausdrücke enthält, muß eine im wesentlichen einzig mögliche Erweiterung in Primitivtermen existieren, d. h. ein Satz S', der den folgenden Bedingungen genügt: (1) S' enthält keinen definierten Term; (2) S' und S sind mit Hilfe der Definitionsketten für die definierten Ausdrücke, die in S vorkommen, von einander deduzierbar; (3) ist S" ein weiterer Satz, der im Sinne von (2) definitorisch äquivalent mit S ist, dann sind S' und S" logisch von einander deduzierbar und somit logisch äquivalent.

So hat z. B. aufgrund des Definitionssystems (4.1) der Ausdruck „x Vater y" die alternativen Erweiterungen „Mann x · y Kind x" und „y Kind x · Mann x", sie sind aber aufgrund der Grundsätze der formalen Logik wechselseitig deduzierbar.

Die Bedingung der eindeutigen Eliminierbarkeit hat wichtige Konsequenzen. Zuerst einmal schließt sie offensichtlich die Möglichkeit aus, daß zwei verschiedene Definitionen für denselben Term gegeben werden — ein Irrtum, der gewöhnlich in der Praxis vermieden wird, aber leicht zu Widersprüchen führen würde, wollte man ihm erlauben, sich einzuschleichen. Dazu kommt, daß ein Definitionssystem, das die Bedingung der eindeutigen Eliminierbarkeit erfüllt, nichtzirkular ist, da jede Zirkularität deutlich vollständige Eliminierbarkeit ausschließen würde.

Man findet manchmal die Meinung, daß Nominaldefinitionen, im Gegensatz zu „Realdefinitionen", arbiträr sind und ausgewählt werden können, wie es einem beliebt. In Bezug auf Nominaldefinitionen ist diese Charakterisierung mehr irreführend als erhellend. Denn in der Wissenschaft werden Begriffe in Hinblick auf ihre Wirksamkeit in fruchtbaren Theorien ausgewählt und das setzt eindeutige Grenzen für die Willkürlichkeit einer Definition, wie wir detaillierter in einem späteren Abschnitt zeigen werden. Überdies darf eine Nominaldefinition nicht zu Widersprüchen führen. Als Konsequenz dieser naheliegenden Anforderung ist die Einführung bestimmter Arten von Nominaldefinitionen in ein gegebenes theoretisches System nur unter der Bedingung gestattet, daß vorher ein angemessener nichtdefinitorischer Satz, den man ihren *Begründungssatz* nennen könnte, bestimmt worden ist. So ist z. B. in Hilberts Axiomatisierung der Euklidischen Geometrie die durch zwei Punkte P_1 und P_2 bestimmte Strecke als die Klasse der Punkte zwischen P_1 und P_2 auf der Geraden durch P_1 und P_2 definiert[13]. Diese Definition setzt offensichtlich voraus, daß durch zwei Punkte immer nur eine Gerade führt; und sie ist nur möglich, weil diese Voraussetzung in Hilberts System bewiesen werden kann und so als Begründungssatz der Definition dienen kann.

Eine von Peano[14] aufgestelltes und analysiertes Beispiel zeigt gut, wie die Nichtbeachtung der Notwendigkeit eines Begründungstheorems Widersprüche hervorrufen kann. Man betrachte die folgende Definition einer „Fragezeichenoperation" für rationale Zahlen:

$$\frac{x}{y} \; ? \; \frac{z}{u} \; =_{Df} \; \frac{x+z}{y+u}.$$

Aufgrund dieser Definition haben wir:

$$\frac{1}{2} \; ? \; \frac{2}{3} = \frac{3}{5} \quad \text{und} \quad \frac{2}{4} \; ? \; \frac{2}{3} = \frac{4}{7},$$

aber da $\frac{1}{2} = \frac{2}{4}$, folgt daraus $\frac{3}{5} = \frac{4}{7}$, was einen Widerspruch in die Arithmetik einführte. Nun führt die gegebene Definition eine Fragezeichenoperation als eine eindeutige Funktion ihrer zwei Argumente ein, d. h. auf die Art, daß sie zu jedem Paar der rationalen Zahlen — gleichgültig, in welcher besonderen Form sie symbolisiert sind — genau eine rationale Zahl zuordnet, die als das Ergebnis der Anwendung der Fragezeichenoperation auf diese angesehen werden soll. Offensichtlich ist diese Annahme für die Ableitung zweier unvereinbarer Ergebnisse von der Definition vorausgesetzt. Aber eine Definition, die die Einführung einer eindeutigen Funktion angibt, ist nur akzeptabel, wenn sie von einem Begründungstheorem begleitet ist, das diese Eindeutigkeit bestimmt – eine Anforderung, die im vorliegenden Fall offensichtlich nicht erfüllt werden kann.

Nun noch ein Beispiel aus dem Bereich der empirischen Wissenschaften: die Definition des Schmelzpunkts einer gegebenen chemisch homogenen Substanz als der Temperatur, bei der die Substanz schmilzt, ist nur erlaubt, wenn vorher festgesetzt wurde, daß alle Proben der Substanz unabhängig von anderen Faktoren wie Druck schmelzen. Tatsächlich ist die zweite dieser Bedingungen nicht streng erfüllt und in Fällen, wo Druckschwankungen aufgezeigt wird, muß ein relativierter Begriff des Schmelzpunkts bei spezifiziertem Druck benutzt werden. Ähnliche Beobachtungen gelten für die Definitionen der Dichte und spezifischen Wärme, des Siedepunkts, des spezifischen Widerstands und der thermalen Leitfähigkeit einer Substanz wie auch für die Definitionen vieler anderer Begriffe in den empirischen Wissenschaften.

Nominaldefinitionen in den empirischen Wissenschaften sind also nicht völlig willkürlich; in vielen Fällen erfordern sie sogar Legitimierung durch in geeigneter Weise bestimmte Begründungssätze.

II. Methoden der Begriffsbildung in der Wissenschaft

5. Das Vokabular der Wissenschaft: Technische Terme und Beobachtungsterme

Empirische Wissenschaft – wir haben dies bereits erwähnt – bezweckt nicht einfach die Beschreibung besonderer Geschehnisse: sie sucht nach allgemeinen Prinzipien, die die Erklärung und Voraussage solcher Geschehnisse erlauben. Wenn einer wissenschaftlichen Disziplin solche Prinzipien völlig fehlen, kann sie keinerlei Verbindung zwischen unterschiedlichen Phänomenen herstellen: sie ist unfähig, zukünftige Vorkommnisse vorauszusehen und was immer die Erkenntnis sein mag, die sie vorbringt, sie erlaubt keine technologische Anwendung, da jede Anwendung Prinzipien erfordert, die vorhersagen, welche besonderen Wirkungen aufträten, wenn wir bestimmte, spezifizierte Veränderungen in einem gegebenen System herbeiführen würden. Daher ist es von äußerster Wichtigkeit für die Wissenschaft, ein System von Begriffen zu entwickeln, das zur Formulierung allgemeiner Prinzipien der Erklärung und Prognose führt.

Das Vokabular der alltäglichen wissenschaftlichen Arbeit, das die Wissenschaft wenigstens zu Anfang benutzen muß, erlaubt die Feststellung von Generalisierungen, wie z. B., daß jeder nichtabgestützte Körper auf den Boden fallen wird; daß Holz auf Wasser schwimmt, aber jedes Metall versinkt; daß alle Krähen schwarz sind; etc. Aber solche Generalisierungen in alltäglichen Termen neigen dazu, verschiedene Unzulänglichkeiten aufzuweisen: (1) die sie konstituierenden Terme werden oft der Präzision und der Einheitlichkeit des Gebrauchs ermangeln (wie im Fall des „nichtabgestützten Körpers", etc.) und als Konsequenz wird der daraus resultierende Satz keine klare und präzise Bedeutung besitzen; (2) einige der Generalisierungen sind von sehr begrenzter Reichweite (wie z. B. der Satz, der nur mit Krähen zu tun hat) und haben daher geringe prognostische und erklärende Kraft (dazu vergleiche man die Generalisierung des im Wasserschwimmens mit der allgemeinen Aussage des Gesetzes des Archimedes); (3) wie aus unseren Beispielen deutlich hervorgeht, haben allgemeine Regelmäßigkeiten, die in alltäglichen Termen abgefaßt sind, gewöhnlich „Ausnahmen".

Um zu Theorien von großer Präzision, großer Reichweite und hoher empirischer Bestätigung zu kommen, hat die Wissenschaft in ihren verschiedenen Bereichen daher umfassende Systeme besonderer Begriffe entwickelt, auf die man sich mittels technischer Terme bezieht. Viele solche Begriffe sind in hohem Grade abstrakt und haben wenig Ähnlichkeit mit den konkreten Begriffen, die wir gebrauchen, um die Phänomene unserer alltäglichen Erfahrung zu beschreiben. Jedoch müssen bestimmte Verbindungen zwischen diesen zwei Klassen von Begriffen weiterbestehen. Denn Wissenschaft soll letztlich die Daten unserer alltäglichen Erfahrung systematisieren und das ist nur möglich, wenn wissenschaftliche Prinzipien, selbst wenn sie in hochgradig esoterischen Termen abgefaßt sind, auf die Sätze Einfluß besitzen – und so begrifflich mit diesen verbunden sind, die in alltäglicher Sprache verfügbaren „Erfahrungstermen" berichten, was durch unmittelbare Beobachtung festgestellt worden ist. Folglich werden bestimmte Verbindungen zwischen den technischen Termen der empirischen Wissenschaften und dem Erfahrungsvokabular existieren – in der Tat besitzen die technischen Terme der Wissenschaft nur aufgrund solcher Verbindungen irgendeinen empirischen Gehalt. Ein großer Teil der Erörterungen in diesem II. Kapitel wird mit der Beschaffenheit solcher Verbindungen zu tun haben. Bevor wir uns jedoch diesem Gegenstand widmen können, müssen wir den Begriff des Erfahrungsterms etwas genauer klären.

Das alltägliche Erfahrungsvokabular muß zur Beschreibung der Art von Daten benutzt werden, die gewöhnlich als durch direkte Erfahrung erhältlich verstanden werden und die zum Test wissenschaftlicher Theorien oder Hypothesen dienen. Solche Erfahrungsdaten könnte man sich als Sinnesempfindungen, Perzeptionen und ähnliche Phänomene der unmittelbaren Erfahrung vorstellen; oder in anderer Weise könnten sie als aus einfachen physikalischen Phänomenen bestehend gedeutet werden, die direkter Beobachtung zugänglich sind, wie das Sichdecken eines Instrumentenzeigers mit einer Markierung auf einer Skalenscheibe; die Farbveränderung einer Testsubstanz oder der Haut eines Patienten; das Knacken eines mit einem Geigerzähler verbundenen Verstärkers etc. Die erste dieser zwei Konzeptionen der Erfahrungsdaten verlangt nach einem unmittelbar auf Phänomene bezogenen Vokabular, das solche Ausdrücke wie „Blau-Wahrnehmung", „heller aussehend als" (anwendbar auf Bereiche eines visuellen Feldes, nicht auf physische Objekte), „saure Geschmacksempfindung", „Kopfschmerz-Gefühl" etc. enthalten könnte. Die zweite Konzeption erfordert zur Beschreibung von Erfahrungsdaten eine Menge von Termen, die bestimmte, direkt beobachtbare Merkmale physischer Objekte bezeichnen, d. h. Eigenschaften oder Relationen, deren An- oder Abwesenheit in einem gegebenen Fall unter geeigneten Umständen intersubjektiv durch direkte Beobachtung festgestellt werden kann. Ein Vokabular solcher Art könnte Terme wie „hart", „flüssig", „blau", „gleichzeitig mit", „angrenzend an" etc., die alle hier die Designierung intersubjektiv bestimmbarer Attribute physischer Objekte bedeuten sollen. Wir werden uns auf solche Attribute kurz als *Observable* und auf die Terme, die sie benennen, als *Beobachtungsterme* beziehen.

Eine phänomenalistische Konzeption wird bei denen Anklang finden, die der Meinung sind, daß die Daten unserer unmittelbaren Sinneserfahrung die letzte Testbasis aller empirischen Erkenntnis konstituieren muß. Sie hat jedoch wenigstens zwei große Nachteile. Erstens: obgleich viele Wissenschaftstheoretiker diese Ansicht unterstützen, hat keiner jemals auf präzise Weise ein sprachliches Gerüst für den Gebrauch phänomenalistischer Terme entwickelt[15] und zweitens: wie von Popper[16] hervorgehoben wurde, würde der Gebrauch von in phänomenalistischer Sprache abgefaßten Beobachtungsberichten ernsthaft mit der beabsichtigten Objektivität wissenschaftlicher Erkenntnis in Widerstreit stehen. Diese verlangt nämlich, daß alle Sätze der empirischen Wissenschaften testfähig sein sollen, und zwar unter Berufung auf Belegmaterial, das allgemein ist, d. h. das sich verschiedene Beobachter verschaffen können und das nicht im wesentlichen von einem Beobachter allein abhängt. Zu diesem Zweck sollten Daten, die als wissenschaftliches Belegmaterial dienen sollen, mittels Termen beschrieben werden, deren Gebrauch durch wissenschaftliche Beobachter sich durch einen hohen Grad an Determinanz und Uniformität im Sinne des Abschnitts 3 auszeichnet. Diese Überlegungen sprechen in starkem Maße für die oben erwähnte zweite Konzeption, und wir werden daher von hier ab – besonders im Kontext von Beispielen – unterstellen, daß das in der Wissenschaft für die Beschreibung von Erfahrungsdaten benutzte Vokabular aus Beobachtungstermen besteht. Nichtsdestoweniger können die grundlegenden allgemeinen Vorstellungen der folgenden Diskussion anstandslos auf den Fall eines erfahrungsmäßigen Vokabulars der phänomenalistischen Art übertragen werden.

6. Definition vs. Reduktion auf eine Erfahrungsbasis

Wir wenden uns nun der Betrachtung der Verbindungen zwischen den technischen Termen der Wissenschaft und ihrem Beobachtungsvokabular zu – Verbindungen, die, wie wir bemerkten, existieren müssen, wenn die technischen Terme empirischen Gehalt haben sollen. Da der Wissenschaftler alle seine besonderen Terme auf der Basis seines Beobachtungsvokabulars einführen muß, bietet sich die Vermutung von selbst an, daß die ersteren in Form des letzteren definiert sind. Ob dies der Fall ist oder nicht, kann jedoch nicht einfach durch Prüfung der Schriften und Stellungnahmen von Wissenschaftlern bestimmt werden. Denn die meisten wissenschaftlichen Darstellungen versäumen die explizite Festsetzung, welche Terme zur Definition ausgewählt werden und welche anderen als Primitiva gelten sollen. Ganz allgemein werden nur Definitionen von besonderer Bedeutung festgesetzt, andere werden stillschweigend als selbstverständlich vorausgesetzt. Überdies können die Primitivterme der einen Darstellung unter den definierten Termen einer anderen sein, und die Formulierungen, die von verschiedenen Autoren unterbreitet werden, können verschiedene Abweichungen und Inkonsistenzen beinhalten. Die Aufgabe, die logischen Beziehungen zwischen wissenschaftlichen Termen zu analysieren, ist daher die Aufgabe der rationalen Rekonstruktion, wie sie in Abschnitt 3 charakterisiert wurde. Ihr letztes Ziel ist die Konstruktion einer Sprache, die sich nach wohldeterminierten Regeln richtet und in der alle Sätze der empirischen Wissenschaft formuliert werden können. Für das Vorhaben dieses Buches ist es nicht notwendig, in die Details des komplexen Problems – es ist weit von einer vollständigen Lösung entfernt – zu gehen, wie eine rationale Rekonstruktion des gesamten Systems wissenschaftlicher Begriffe zustandegebracht werden könnte; es wird hier genügen, bestimmte grundlegende Aspekte solch einer Rekonstruktion zu erwägen.

Die im vorausgehenden Absatz erwähnte Vermutung kann nun in folgender Weise neuformuliert werden: jeder Term im Vokabular der empirischen Wissenschaften ist mittels Beobachtungstermen definierbar, d. h., es ist möglich, eine rationale Rekonstruktion der Wissenschaftssprache so durchzuführen, daß alle Primitivterme Beobachtungsterme sind und mit ihrer Hilfe alle anderen Terme definiert sind. Diese Sichtweise ist für die früheren Formen des Positivismus und Empirismus charakteristisch, und wir werden sie die *enger gefaßte These des Empirismus* nennen. Laut dieser These könnte jeder wissenschaftliche Satz, wie abstrakt auch immer, kraft der Definitionen seiner konstituierenden technischen Terme in einen äquivalenten Satz überführt werden, der ausschließlich in Beobachtungstermen abgefaßt ist. Wissenschaft hätte es wirklich einzig und allein mit Observablen zu tun. Es sollte hier vielleicht erwähnt werden, daß diese These intensiv unter zeitgenössischen Psychologen mit Bezug auf die technischen Terme der Psychologie diskutiert worden ist. Ein großer Teil der Diskussion war mit der Frage beschäftigt, ob die sogenannten intervenierenden Variablen der Lerntheorie vollständig definierbar sind — oder sein sollten —, und zwar in Form von direkt beobachtbaren Merkmalen der Stimulus-Response-Situation[17].

Trotz ihrer offensichtlichen Plausibilität hält die enger gefaßte empiristische These einer genaueren Prüfung nicht stand. Es gibt wenigstens zwei Arten von Termen, wo sich Schwierigkeiten ergeben: Dispositionsterme, für die die Richtigkeit der These wenigstens problematisch ist, und quantitative Terme, für die sie sicherlich nicht gilt. Wir werden jetzt die Stellung der Dispositionsterme diskutieren und heben uns eine Überprüfung der quantitativen Terme für den nächsten Abschnitt auf.

Der Eigenschaftsterm „magnetisch" ist ein Beispiel für einen Dispositionsterm: er designiert nicht ein direkt beobachtbares Merkmal, sondern eher eine Disposition seitens physikalischer Objekte, bestimmte Reaktionen (wie kleine Eisenstücke anzuziehen) unter bestimmten spezifizierbaren Umständen (wie die Anwesenheit kleiner Eisenobjekte in der Nähe) an den Tag zu legen. Das Vokabular der empirischen Wissenschaften ist reich an Dispositionstermen, wie z. B. „elastisch", „Wärmeleiter", „spaltbar", „Katalysator", „phototrop", „rezessiv", „gefäßverengend", „introvertiert", „somatotonisch", „Matriarchat"; die folgenden Bemerkungen zum Term „magnetisch" können ohne weiteres auf jeden von ihnen übertragen werden.

Da ein Objekt zu einem Zeitpunkt magnetisch sein kann und zu einem anderen nichtmagnetisch, wird das Wort „magnetisch" in Kontexten der Form „(Objekt) x ist magnetisch zum (Zeitpunkt) t" erscheinen und eine Kontextualdefinition (s. Abschnitt 3) mit diesem Ausdruck als Definiendum muß gesucht werden. Die folgende Formulierung — sie ist absichtlich übermäßig vereinfacht, was physikalische Details anlangt — könnte sich anbieten:

(6.1) x ist magnetisch zu t $=_{Df}$ wenn, zum Zeitpunkt t, ein kleines Eisenobjekt nahe x ist, dann bewegt es sich auf x zu.

Aber die Konditionalform des Definiens gibt, obgleich es klar die Stellung des Definiendums als Dispositionsbegriff widerspiegelt, Anlaß zu unangenehmen Problemen[18]. In der formalen Logik ist die Verbindung „wenn ... dann —" gemeinhin im Sinne einer materialen Implikation gebraucht, d. h. als synonym mit „entweder nicht ...

oder auch —— "; entsprechend würde das Definiens von (6.1) von einem Objekt x nicht nur erfüllt, wenn x wirklich zum Zeitpunkt t magnetisch war, sondern auch, wenn x nicht magnetisch war, aber zufällig zum Zeitpunkt t kein kleines Eisenobjekt nahe bei x war.

Dies zeigt: wenn Sätze der in (6.1) veranschaulichten Form als Definitionen für Dispositionsterme dienen sollen, verlangt der „wenn . . . dann —— "-Klausus im Definiens eine unterschiedliche Interpretation, deren Inhalt durch den Gebrauch des subjunktiven Modus angezeigt werden kann:

(6.2) x ist magnetisch zu t $=_{Df}$ wenn, zu t, ein kleines Eisenobjekt nahe bei x sein sollte, dann würde dieses Objekt sich auf x zu bewegen.

Sicherlich könnte die subjunktive Konditionalverbindung nicht im Sinne des materialen Konditionals interpretiert werden. Aber bevor sie als Bestimmung einer adäquaten Formulierung für die Definition von Dispositionstermen akzeptiert werden kann, hätte die Bedeutung der Verbindung „wenn . . . dann —— " im subjunktiven Klausus explizit gemacht zu werden. Dies ist ein Problem von großem Interesse und großer Wichtigkeit, da die Formulierung der sogenannten irrealen Konditionalsätze und der allgemeinen Gesetze in der Wissenschaft nach dem Gebrauch des „wenn . . . dann ——" im selben Sinne verlangt. Aber trotz bemerkenswerter analytischer Bemühungen und bedeutsamen partiellen Ergebnissen scheint es keine voll befriedigende Explikation zum gegenwärtigen Zeitpunkt zu geben[19] und die Formulierung (6.2) repräsentiert mehr ein Programm als eine Lösung.

Ein anderer Weg, die Mängel von (6.1) zu vermeiden, ist von Carnap vorgeschlagen und in den Einzelheiten ausgearbeitet worden[20]. Er besteht in der Ableitung von Dispositionstermen, wie sie hier eingeführt wurden, und zwar nicht kraft Definition, sondern durch ein allgemeineres Verfahren, das er *Reduktion* nennt. Es läuft auf eine partielle, oder konditionale, Definition hinaus und schließt das Standardverfahren der expliziten Definition als einen Spezialfall mit ein.

Wir werden diesen Gedanken mit der einfachsten Form der Reduktion, durch die sogenannten bilateralen Reduktionssätze, erklären. Ein bilateraler Reduktionssatz, der einen Eigenschaftsterm Q einführt, hat die Form

(6.3) $P_1 x \supset (Qx \equiv P_2 x)$.

Hier symbolisierten „$P_1 x$" und „$P_2 x$" bestimmte Merkmale, die ein Objekt x haben kann. Diese können mehr oder weniger komplex sein, müssen aber in Termen ausgedrückt sein, die bereits verstanden werden.

In einer etwas freien Umschreibung, die jedoch auf den wissenschaftlichen Gebrauch solcher Sätze deutet, kann (6.3) folgendermaßen umformuliert werden:

(6.31)   Wenn ein Objekt x das Merkmal P_1 hat (z. B. x ist spezifizierten Testbedingungen oder einem spezifizierten Stimulus unterworfen), dann soll das Attribut Q dann und nur dann x zugeordnet sein, wenn x das Merkmal (d. h. die Reaktion oder die Response-Art) P_2 zeigt.

Jetzt kann der Gedanke, der von (6.1) vermittelt werden sollte, im folgenden Reduktionssatz neuformuliert werden:

(6.4) Wenn ein kleines Eisenobjekt zum Zeitpunkt t nahe bei x ist, dann ist x zum Zeitpunkt t dann und nur dann magnetisch, wenn dieses Objekt sich zum Zeitpunkt t auf x zubewegt.

In Reduktionssätzen ist die Verbindung „wenn ... dann — " immer als synonym mit „nicht ... oder —" begriffen, und „dann und nur dann, wenn" muß analog verstanden werden. Die Schwierigkeit, die uns in (6.1) begegnete, tritt in (6.4) jedoch nicht auf: wenn kein kleines Eisenobjekt zum Zeitpunkt t nahe bei x ist, dann ist der ganze Satz (6.4) für x wahr, aber wir können nicht folgern, daß x zum Zeitpunkt t magnetisch ist.

Ein Reduktionssatz legt keine vollständige Definition des durch ihn eingeführten Terms vor, sondern nur eine partielle, oder konditionale, Festsetzung seiner Bedeutung; er ordnet den „neuen" Term nur für seine Anwendung auf solche Objekte Bedeutung zu, die besondere Textbedingungen erfüllen. So setzt z. B. (6.4) die Bedeutung von „magnetisch zum Zeitpunkt t" nur in Bezug auf Objekte fest, die der Testbedingung, nahe einem kleinen Eisenkörper zum Zeitpunkt t zu sein, genügen. Es wird keine Interpretation für einen Satz wie „Objekt x ist jetzt magnetisch, aber es ist keinerlei Eisen in seiner Nähe" gegeben. Daher können im allgemeinen durch Reduktionssätze eingeführte Terme nicht zugunsten von Primitiva eliminiert werden. Es gibt eine Ausnahme von dieser Regel: wenn der Ausdruck „$P_1 x$" in (6.3) analytisch ist, d. h. mit logischer Notwendigkeit von überhaupt jedem Objekt x erfüllt wird (das ist z. B. der Fall, wenn „$P_1 x$" für „x ist grün oder nicht grün" steht), dann ist der bilaterale Reduktionssatz der expliziten Definition „$Qx \equiv P_2 x$" äquivalent. Daher gibt er in vollem Umfang die Bedeutung an und erlaubt seine Eliminierung aus jedem Kontext. Dies zeigt, daß Reduktion eine Verallgemeinerung der Definition ist. Oder, um es auf andere Weise, die später nützlich sein wird, auszudrücken: eine Menge von Reduktionssätzen für ein Konzept Q stellt eine notwendige und hinreichende Bedingung für Q auf. Im allgemeinen sind die beiden aber nicht identisch. Eine Definition für Q gibt andererseits im Definiens eine Bedingung an, die sowohl notwendig wie hinreichend für Q ist.

Die Indeterminanz in der Bedeutung eines durch einen Reduktionssatz eingeführten Terms kann durch die Aufstellung zusätzlicher Reduktionssätze für ihn, die sich auf andere Testbedingungen beziehen, verringert werden. Wenn so z. B. vorher das Konzept des elektrischen Stroms eingeführt worden ist, könnte (6.4) durch den zusätzlichen Reduktionssatz ergänzt werden:

(6.5) Wenn x sich zum Zeitpunkt t durch eine geschlossene Stromschleife bewegt, dann ist x zum Zeitpunkt t dann und nur dann magnetisch, wenn zum Zeitpunkt t in der Schleife Strom fließt.

Beide Sätze (6.4) und (6.5) zusammen stellen Anwendungskriterien für das Wort „magnetisch" in Bezug auf jedes Objekt zur Verfügung, das wenigstens eine der Testbedingungen erfüllt. Aber da die beiden Bedingungen nicht alle logischen Möglichkeiten ausschöpfen, ist die Bedeutung des Wortes für viele vorstellbare Fälle unbestimmt. Andererseits schließen sich die Testbedingungen nicht logisch aus: beide können von ein und demselben Objekt erfüllt werden. Für Objekte solcher Art implizieren beide Sätze eine besondere Behauptung, nämlich: jedes physikalische Objekt, das einem kleinen Eisenkörper nahe ist und sich durch eine Stromschleife bewegt, wird Strom in der Schleife dann und nur dann erzeugen, wenn es den Eisenkörper anzieht. Dieser Satz ist sicherlich nicht lediglich eine den Gebrauch eines neuen Terms betreffende Festsetzung – tatsächlich enthält er ja den neuen Term „magnetisch" überhaupt nicht. Vielmehr drückt er ein empirisches Gesetz aus. Wenn daher ein einzelner Reduktionssatz auch als einfaches Aufstellen einer Notationsverabredung für den Gebrauch des durch ihn eingeführten Terms betrachtet werden kann, ist dies für eine Menge von zwei oder mehr, den gleichen Term betreffenden Reduktionssätzen nicht mehr möglich, weil eine solche Menge in der Regel bestimmte Sätze impliziert, die den Charakter empirischer Gesetze besitzen. Eine solche Menge kann daher nicht in der Wissenschaft benutzt werden, es sei denn, es liegt Material vor, das die fraglichen Gesetze abstützt.

Um zusammenzufassen: ein Versuch, Dispositionsterme als durch Definition in Form von Observablen eingeführt zu bestimmen, begegnet den durch (6.1) illustrierten Schwierigkeiten. Diese können durch die Einführung von Dispositionstermen mittels Mengen von Reduktionssätzen vermieden werden. Diese Methode hat aber zwei besondere Kennzeichen: (1) Im allgemeinen hat eine Menge von Reduktionssätzen für einen gegebenen Term nicht die alleinige Funktion einer Notationsverabredung; vielmehr impliziert sie auch die Behauptung bestimmter empirischer Sätze. Mengen von Reduktionssätzen verknüpfen auf besondere Weise die Funktionen der Begriffsbildung und der Theoriebildung. (2) Im allgemeinen determiniert eine Menge von Reduktionssätzen die Bedeutung des eingeführten Terms nur partiell.

Nun kann sogar eine explizite Nominaldefinition, wie im Abschnitt 4 gezeigt wurde, einen nichtdefinitorischen „Rechtfertigungssatz" implizieren, der vorher niedergelegt sein muß, wenn die Definition akzeptierbar sein soll. Somit hat das erste Merkmal der Einführung durch Reduktionssätze sein Analogon im Fall der Definition. Dies gilt jedoch nicht für das zweite Merkmal; und es mag so aussehen, daß die partielle Indeterminanz der Bedeutung von durch Reduktionssätzen eingeführten Termen ein zu hoher Preis ist für eine Methode, die Mängel von Definitionen wie (6.1) vermeidet. Man kann daher sehr wohl der Meinung sein, daß dieses zweite Merkmal der Reduktionssätze dem gerecht wird, was offenbar ein wichtiges Kennzeichen der fruchtbaren technischen Terme der Wissenschaft ist – wir wollen es ihre *Bedeutungsoffenheit* nennen. Die Begriffe der Magnetisierung, der Temperatur, des Gravitationsfeldes z. B. wurden eingeführt, um als Kristallisationspunkte für die Formulierung von erklärenden und voraussagenden Prinzipien zu dienen. Da diese auf direkter Beobachtung zugängliche Phänomene Bezug haben sollen, müssen „operationale" Anwendungskriterien für ihre konstitutiven Terme vorhanden sein, d. h. Kriterien, die in Form von Observablen ausdrückbar sind. Reduktionssätze machen die Formulierung solcher Kriterien möglich. Aber gerade im Fall von theoretisch fruchtbaren Begriffen wünschen wir und zählen wir auch auf die Möglichkeit, daß sie in weitere allgemeine Prinzipien übergehen, die sie mit zusätzlichen Variablen verknüpfen und so neue Anwendungskriterien für sie liefern. Wir brächten uns um diese Entwicklungsmöglichkeiten, wenn wir auf der Einführung der technischen Begriffe der Wissenschaft durch volle Definition in Form von Observablen beständen[21].

7. Theoretische Konstrukte und ihre Interpretation

Eine zweite Gruppe von Termen, die nicht die enger gefaßte These des Empirismus bestätigen, sind die metrischen Terme, die für numerisch meßbare Quantitäten wie Länge, Masse, Temperatur, elektrische Ladung etc. stehen. Der Term „Länge" wird z. B. in Kontexten der Form „die Länge der Entfernung zwischen den Punkten u und v ist r cm", oder kurz

$$(7.1) \qquad \text{Länge}\ (u, v) = r$$

benutzt.

Ähnlich erscheint der Term „Masse" in Zusammenhängen der Form „die Masse des physikalischen Körpers beträgt s Gramm", oder kurz

$$(7.2) \qquad \text{Masse}\ (x) = s.$$

In den Hypothesen und Theorien der Physik werden diese Konzepte so benutzt, daß ihre Werte – r bzw. s – jeder nichtnegativen Zahl gleichsein können. So dürfen z. B. in Newtons allgemeinem Gravitationsgesetz, das die Kraft der Gravitationsanziehung zwischen zwei physikalischen Körpern als eine Funktion ihrer Massen und ihrer Entfernung ausdrückt, alle diese Größen jeden positiven Wert einer reellen Zahl annehmen. Daher sorgt das Konzept der Länge – und ähnlich das der Masse und jedes andere metrische Konzept, dessen Wertbereich ein Intervall des Systems der reellen Zahlen einschließt – für die theoretische Unterscheidung einer Unendlichkeit von verschiedenen möglichen Fällen, von denen jeder einem der zulässigen reellen Zahlenwerte entspricht. Wenn daher der Begriff der Länge voll in Form von Observablen definierbar wäre, dann würde es möglich sein, die Bedeutung des Ausdrucks „Länge (u, v) = r" für jeden der erlaubten Werte von r allein in Form von Observablen zu bestimmen. Dies kann jedoch nicht geleistet werden, wie wir jetzt in zwei Argumentationsschritten zeigen.

Wir wollen zuerst annehmen, daß wir versucht haben, das Merkmal „Länge von r cm" als gleichwertig mit einer spezifischen Kombination (ausdrückbar durch „und", „oder", „nicht" etc.) von beobachtbaren Attributen zu definieren. (Dies beschränkt das Definiens auf einen Molekularsatz, in dem alle Prädikate Beobachtungstermen sind.) Das ist sicherlich nicht für jeden theoretisch zulässigen Wert von r durchführbar. Da die Grenzen des Unterscheidungsvermögens bei direkter Beobachtung erkenntlich sind, wird es daher insgesamt nur eine endliche, obwohl große Anzahl von beobachtbaren Merkmalen geben. Daher wird auch die Anzahl von verschiedenen aus ihnen zu formenden Komplexen ebenfalls endlich sein, während aber die Anzahl theoretisch zulässiger r-Werte unendlich ist. Folglich kann die Zuordnung eines numerischen r-Wertes der Länge (oder irgendeiner anderen meßbaren Quantität) zu einem gegebenen Objekt nicht immer als definitorisch äquivalent zur Zuordnung eines spezifischen Komplexes von beobachtbaren Merkmalen zu diesem Objekt bestimmt werden.

Daher wollen wir jetzt die Zuordnung eines bestimmten r-Wertes zu einem gegebenen Objekt als einem Satz über dies Objekt äquivalent entwerfen, der durch Beobachtungsterme und logische Terme allein ausgedrückt werden kann. Der letztere kann jetzt nicht nur „und", „oder", „nicht" etc. enthalten, sondern auch die Ausdrücke „alle", „einige", „die Klasse aller Dinge, die solchen Bedingungen genügen" usw. Aber selbst wenn eine Definition in Form von Observablen in diesem weiten Sinne konstruiert wird, ist die Gesamtzahl der definierenden Ausdrücke, die aus dem endlichen verfügbaren Vokabular geformt werden können, nur abzählbar unendlich, während die Klasse aller theoretisch zulässiger r-Werte die Mächtigkeit des Kontinuums besitzt. Folglich ist eine volle Definition von metrischen Termen durch Observable nicht möglich.

Man könnte aus pragmatistischer oder extrem operationalistischer Sicht antworten, daß ein theoretischer Unterschied, der keinen beobachtbaren Unterschied darstellt, überhaupt kein signifikanter Unterschied ist und daher keinem metrischen Begriff in der Wissenschaft erlaubt werden sollte, als Wert jede reelle Zahl in einem klar bestimmten Intervall anzunehmen. Aber eine Befolgung dieser Regel würde es unmöglich machen, die Begriffe und Grundsätze der höheren Mathematik bei der Formulierung und Anwendung wissenschaftlicher Theorien zu benutzen. Wollten wir z. B. lediglich eine diskrete Wertmenge für Länge und für Zeitdauer erlauben, dann wären die Konzepte des Grenzwerts, der Ableitung und des Integrals nicht vorhanden und es wäre dementsprechend unmöglich, die Begriffe der Augenblicksgeschwindigkeit und Beschleunigung einzuführen und die Theorie der Bewegung zu formulieren. In ähnlicher Weise wären alle Formulierungen in Form von reellen und komplexen Funktionen und in Form von Differentialgleichungen untersagt, die für die theoretisch leistungsfähigsten Teile der empirischen Wissenschaft so charakteristisch sind. Die Erwiderung, daß alle solche Konzepte „bloße Fiktionen sind, denen nichts in der Erfahrung entspricht" ist im Grunde einfach eine Neuformulierung der Tatsache, daß theoretische Konstrukte nicht vollständig zugunsten von Beobachtungstermen definitorisch eliminiert werden können. Es sind jedoch vielmehr diese „fiktiven", voll durch Observablen definierbaren Begriffe, die die Wissenschaft in den Stand setzen, die Daten der direkten Beobachtung durch ein kohärentes und umfassendes System, das Erklärung und Prognose erlaubt, zu interpretieren und zu ordnen. Anstatt solche fruchtbaren Konzepte auf Grund der Tatsache auszuschließen, daß sie nicht erfahrungsmäßig definierbar sind, werden wir untersuchen müssen, welche nichtdefinitorischen Methoden für ihre Einführung und empirische Interpretation geeignet sein könnten.

Stellen uns die Reduktionssätze eine solche Methode zur Verfügung? Es ist in empiristischen Schriften jüngeren Datums in der Tat die Vermutung geäußert worden, daß jeder Term der empirischen Wissenschaft auf der Basis von Beobachtungstermen durch eine geeignete Menge von Reduktionssätzen eingeführt werden kann[22]. Wir wollen diese Behauptung die *liberaler gefaßte These des Empirismus* nennen.

Aber selbst für diese These tauchen im Fall der metrischen Terme Schwierigkeiten auf. Wie in Abschnitt 6 bemerkt wurde, stellt eine Menge von Reduktionssätzen für einen Term t eine notwendige und eine (gewöhnlich unterschiedliche) hinreichende Bedingung für die Anwendung von t auf. Daher hätten geeignete Reduktionssätze für den Ausdruck „Länge (u, v) = r" für jeden theoretisch zulässigen Wert von r eine in Form von Observablen abgefaßte notwendige und eine hinreichende Bedingung für ein Intervall (u, v), das die Länge von genau r cm hat[23], zu bestimmen. Aber es ist noch nicht einmal möglich, all die erforderlichen hinreichenden Bedingungen zu formulieren, denn dies würde die Festsetzung eines reinen Beobachtungskriteriums für jeden möglichen Wert von r bedeuten, dessen Erfüllung durch ein gegebenes Intervall (u, v) erforderte, daß das Intervall genau r cm lang ist. Daß es eine vollständige Menge solcher Kriterien nicht geben kann, ist leicht durch ein Argument klar zu machen, das analog dem vorher in diesem Abschnitt vorgetragenen ist und sich auf die Grenzen der vollen Definierbarkeit in Beobachtungstermen bezog.

Die metrischen Begriffe in ihrem theoretischen Gebrauch gehören zu der größeren Klasse der *theoretischen Konstrukte,* d. h. der oft hoch abstrakten Terme, die in den fortgeschrittenen Stadien der wissenschaftlichen Theoriebildung benutzt werden, wie „Masse", „Massenpunkt", „fester Körper", „Kraft" usw. in der klassischen Mechanik, „absolute Temperatur", „Druck", „Volumen", „Carnot-Prozeß" usw. in der klassischen Thermodynamik und „Elektron", „Proton", „ψ-Funktion" usw. in der Quantenmechanik. Terme dieser Art werden nicht durch Definitionen oder Reduktionsketten, die auf Observablen basieren, eingeführt. Tatsächlich geschieht die Einführung durch keinerlei Prozeß, der ihnen einzeln nach und nach Bedeutung zuordnet. Vielmehr werden die in einer Theorie benutzten Konstrukte gewissermaßen zusammen durch Aufstellung eines theoretischen Systems eingeführt, das durch sie formuliert ist und zusätzlich dadurch, daß dieses System eine erfahrungsmäßige Interpretation bekommt, die ihrerseits wiederum den theoretischen Konstrukten empirische Bedeutung zuteilt. Wir wollen uns dieses Verfahren etwas genauer ansehen.

Obwohl in der Realität des wissenschaftlichen Vorgehens der Prozeß des Aufbaus einer theoretischen Struktur und seiner Interpretation nicht immer scharf getrennt sind, da die intendierte Interpretation gewöhnlich die Konstruktionen des Theoretikers lenkt, ist es möglich und in der Tat auch wünschenswert, diese beiden Schritte zum Zweck der logischen Klarstellung begrifflich zu trennen.

Ein theoretisches System kann somit als eine uninterpretierte Theorie in axiomatischer Form verstanden werden, die charakterisiert ist (1) durch eine genau angegebene Menge von Primitivtermen; diese sind nicht in der Theorie definiert und alle anderen extralogischen Termen der Theorie werden von ihnen durch Nominaldefinition gewonnen; (2) eine Menge von Postulaten — wir werden sie alternativ primitive oder Basishypothesen nennen; andere Sätze der Theorie werden aus ihnen durch logische Deduktion gewonnen[24].

Als ein Beispiel einer wohlaxiomatisierten Theorie, die von fundamentaler Bedeutung für die Wissenschaft ist, betrachte man die Euklidische Geometrie. Ihre Entwicklung als „reine Geometrie", d. h. als uninterpretiertes axiomatisches System, ist durchaus unabhängig von ihrer Interpretation in der Physik und ihrer Benutzung in der Navigation, Vermessung usw. In Hilberts Axiomatisierung[25] sind die Primitiva der Theorie die Termen „Punkt", „Gerade", „Ebene", „gemein mit" (eine Relation zwischen einem Punkt und einer Geraden bezeichnend), „zwischen" (eine Relation zwischen zwei Punkten auf einer Geraden bezeichnend), „liegt in" (eine Relation zwischen einem Punkt und einer Ebene bezeichnend) und zwei weitere Termen für Kongruenz zwischen Strecken bzw. Winkeln. Alle anderen Termen wie „Parallele", „Winkel", „Dreieck", „Kreis" sind mittels der Primitiva definiert: der Term „Parallele" z. B. kann durch folgende Kontextualdefinition eingeführt werden:

(7.3) x ist parallel zu y = $_{Df}$ x und y sind Geraden; es gibt eine Ebene, in der sowohl x als auch y liegen; aber es gibt keinen Punkt, der sowohl x als auch y gemein ist.

Die Postulate beinhalten Sätze wie diese: für je zwei Punkte gibt es wenigstens eine und höchstens eine Gerade, der beide gemein sind; zwischen je zwei Punkten, die einer Geraden gemein sind, gibt es einen weiteren Punkt, der dieser Geraden gemein ist usw. Von den Postulaten werden die anderen Sätze der Euklidischen Geometrie gewonnen. Eine solche Art des Beweises bestimmt die Sätze als Theoreme der reinen mathematischen Geometrie. Sie bescheinigt jedoch nicht deren Gültigkeit für den Gebrauch in physikalischer Theorie und ihren Anwendungen, wie die Bestimmung der Entfernungen zwischen physikalischen Körpern mittels Triangulation, oder die Errechnung des Volumens eines sphärischen Objekts aus der Länge seines Durchmessers. Denn in reiner Geometrie ist den Primitiva der Theorie keine spezifische Bedeutung zugeordnet[26] (und dementsprechend auch nicht den definierten Termen). Daher drückt reine Geometrie auch keinerlei Behauptungen über die Raumeigenschaften und Objektrelationen in der physischen Welt aus.

Eine physikalische Geometrie, d. h. eine Theorie, die von Raumaspekten physikalischer Phänomene handelt, erhält man aus einem System reiner Geometrie dadurch, daß man den Primitiva eine spezifische Interpretation in physikalischen Termen gibt. Als physikalisches Gegenstück zur reinen Euklidischen Geometrie kann man z. B. Punkte als Annäherung durch kleine physikalische Objekte interpretieren, d. h. Objekte, deren Größe man im Vergleich zu ihren gegenseitigen Entfernungen vernachlässigen kann (es könnten Nadelköpfe, Schnittpunkte von Fadenkreuzen usw. oder in der Astronomie Sterne oder sogar galaktische Systeme sein). Eine Gerade kann als die Bahn eines Lichtstrahls in einem homogenen Medium bestimmt werden – Abstandskongruenz als physikalische Relation, die man als Koinzidieren von festen Meßleisten charakterisieren kann usw. Diese Interpretation verwandelt die Postulate und Theoreme der reinen Geometrie in Sätze der Physik, und die Frage, ob sie faktisch korrekt sind, erlaubt und erfordert jetzt empirische Tests. Ein solcher Test ist die von Gauß durchgeführte Messung der Winkelsumme in einem von Lichtstrahlen gebildeten Dreieck, um zu bestimmen, ob sie zwei rechten Winkeln gleich ist, wie von der physikalischen Geometrie in Euklidischer Form behauptet wird. Falls aber die durch geeignete Methoden erlangten Daten der Euklidischen Form der Geometrie widerspricht, kann sie auch sehr gut durch eine nichteuklidische Fassung ersetzt werden, die in Verbindung mit dem Rest der physikalischen Theorie in besserer Übereinstimmung mit Beobachtungsfunden steht. Tatsächlich ist genau dies in der allgemeinen Relativitätstheorie geschehen[27].

In ähnlicher Weise kann man sich jede andere wissenschaftliche Theorie als ein uninterpretiertes, deduktiv entwickeltes System mit einer Interpretation vorstellen, die den Termen und Sätzen des Systems empirische Bedeutung verleiht. Die Terme, denen die Interpretation direkt einen empirischen Gehalt zuordnet, können entweder, wie im vorher diskutierten geometrischen Beispiel, Primitiva der Theorie oder definierte Terme des theoretischen Systems sein. So könnten z. B. in einer logischen Rekonstruktion der Chemie die verschiedenen Elemente durch Primitiva, die auf bestimmte Merkmale ihrer Atomstruktur Bezug nehmen, definiert werden. Dann kann den so definierten Termen „Wasserstoff", „Helium" usw. eine empirische Interpretation unter Bezug auf bestimmte physikalische und chemische Gesamtmerkmale gegeben werden, die für die verschiedenen Elemente typisch sind. Solch eine Interpretation bestimmter definierter Terme eines Systems verleiht gewissermaßen mittelbar auch den Primitiva des Systems, die keine empirische Interpretation erfahren haben, einigen empirischen Gehalt. Dies Verfahren erscheint auch für Woodgers Axiomatisierung der Biologie[29] gut geeignet, in der bestimmte definierte Begriffe, wie Zellteilung und Zellverschmelzung, eine direktere empirische Interpretation als einige der Primitiva des Systems erlauben.

Eine adäquate empirische Interpretation macht ein theoretisches System zu einer testbaren Theorie: die Hypothesen, deren konstituierende Terme interpretiert worden sind, werden in Bezug auf beobachtbare Phänomene testbar. Häufig werden die interpretierten Hypothesen derivative Hypothesen sein, aber ihre Bestätigung oder Nichtbestätigung durch empirische Daten wird dann mittelbar auch die primitiven Hypothesen, von denen sie abgeleitet sind, stärken oder schwächen. So sind beispielsweise die primitiven Hypothesen der kinetischen Wärmetheorie wichtig für das mechanische Verhalten der ein Gas konstituierenden Mikropartikel. Folglich sind sie nicht direkt testbar. Man kann sie aber indirekt testen, weil sie derivative Hypothesen nach sich ziehen, die in bestimmten definierten Termen formuliert werden können – in Termen, die mittels solcher „makroskopischer Observablen" wie Temperatur und dem Druck eines Gases interpretiert worden sind[30].

Die Doppelfunktion einer solchen Interpretation definierter Terme – auf indirekte Weise den Primitiva der Theorie empirischen Gehalt zu verleihen und ihre Basishypothesen testbar zu machen – wird auch durch solche Hypothesen in der Physik oder Chemie veranschaulicht, die sich auf den Wert einer Größe an einem Raum-Zeit-Punkt beziehen, wie die Augenblicksgeschwindigkeit und die Beschleunigung eines Partikels oder auch Dichte, Druck und Temperatur einer Substanz an einem bestimmten Punkt – für keine dieser Größen ist direkte Beobachtung möglich, keine dieser Hypothesen erlaubt direkte Prüfung. Die Verbindung zur Ebene von möglichen experimentellen oder Beobachtungsfunden wird mit Hilfe der mathematischen Integration durch die Definition bestimmter abgeleiteter Begriffe hergestellt (wie z. B. die der Durchschnittsgeschwindigkeit und der Beschleunigung in einem bestimmten Zeitabstand oder der Durchschnittsdichte in einer bestimmten Raumregion) und durch die Interpretation dieser Begriffe in Form von mehr oder weniger direkt beobachtbaren Phänomenen.

Eine wissenschaftliche Theorie könnte daher mit einem räumlichen Netzwerk verglichen werden: ihre Terme stellen die Knoten dar, während die sie verbindenden

Fäden teilweise den Definitionen und den grundlegenden und derivativen Hypothesen entsprechen, die in der Theorie enthalten sind. Das gesamte System schwebt gewissermaßen über der Ebene der Beobachtung und ist durch Interpretationsregeln in ihr verankert. Diese Regeln könnte man als Stränge betrachten, die nicht Teil des Netzwerks sind, aber bestimmte Punkte von diesem mit besonderen Stellen in der Ebene der Beobachtung verknüpfen. Auf Grund solcher interpretativer Verbindungen kann das Netzwerk als wissenschaftliche Theorie arbeiten: von bestimmten Beobachtungsdaten können wir über einen interpretativen Strang zu einem Punkt im theoretischen Netzwerk hinaufsteigen, von dort über Definitionen und Hypothesen zu anderen Punkten weitergehen, von denen ein anderer interpretativer Strang es uns erlaubt, auf die Ebene der Beobachtung hinabzusteigen.

So macht eine interpretative Theorie es möglich, das Auftreten bestimmter Phänomene, die in Beobachtungstermen beschrieben werden können und die zur Vergangenheit oder zur Zukunft gehören, aus anderen Phänomenen zu folgern, deren Auftreten bereits vorher bestimmt wurde. Aber der theoretische Apparat, der diese prognostischen und post-diktiven Brücken von Beobachtungsdaten zu potentiellen Beobachtungsfunden bereitstellt, kann ganz allgemein nicht in Form von Observablen allein formuliert werden. Die gesamte Geschichte wissenschaftlichen Bemühens scheint zu zeigen, daß man in unserer Welt umfassende, einfache und verläßliche Prinzipien für die Erklärung und Prognose beobachtbarer Phänomene nicht durch bloßes Zusammenfassen und induktives Verallgemeinern von Beobachtungsfunden erhalten kann. Ein hypothetisch-deduktiv-beobachtendes Verfahren wird benötigt und auch in der Tat von den fortgeschritteneren Zweigen der empirischen Wissenschaft befolgt: von seiner Kenntnis der Beobachtungsdaten geleitet, muß der Wissenschaftler eine Menge von Begriffen erfinden – theoretische Konstrukte, die unmittelbar erfahrungsmäßiger Signifikanz ermangeln, ein System von Hypothesen, das mittels theoretischer Konstrukte formuliert ist und eine Interpretation für das sich ergebende theoretische Netzwerk. Und all dies hat in einer Weise zu geschehen, die erklärende und prognostische Verbindungen zwischen den Daten der direkten Beobachtung herstellen soll.

Ist es möglich, eine allgemein anwendbare Form anzugeben, in der die interpretativen Sätze für eine wissenschaftliche Theorie ausgedrückt werden können? Wir wollen zu Beginn hervorheben, daß solche Sätze im allgemeinen nicht vollen Definitionen in Form von Observablen gleichwertig sind. Wir werden die Gründe dafür nennen und uns dabei auf die physikalische Interpretation geometrischer Terme beziehen. Erstens: einige der in der Interpretation benutzten Ausdrücke wie „Lichtstrahl in einem homogenen Medium" sind keine Beobachtungsterme, sondern bestenfalls Dispositionsterme, die partiell durch Observable mittels Reduktionssatzketten definiert werden können[31]. Zweitens: selbst wenn alle zur Interpretation der Geometrie benutzten Terme als Beobachtungsterme gelten würden, drückten die interpretativen Sätze noch keine Bedingungen aus, die sowohl notwendig als auch hinreichend für die interpretativen Terme wären – daher hätten sie nicht den Stellenwert von Definitionen. Wäre es z. B. notwendig und hinreichend für einen physikalischen Punkt, identisch oder wenigstens an derselben Stelle zu sein mit einer Nadelspitze oder dem Schnittpunkt eines Fadenkreuzes oder ähnlichem, dann wären viele Aussagen der Geometrie in ihrer physikalischen Interpretation deutlich falsch, unter ihnen z. B. das Theorem, daß zwischen jeglichen zwei Punkten auf einer Geraden unendlich viele andere Punkte liegen. Tatsächlich würde keine geometrische Theorie in der Physik aus solcherlei Gründen zurückgewiesen werden. Vielmehr ist es selbstverständlich, daß vergleichsweise kleine physikalische Körper nur Punktannäherungen im Sinne der physikalischen Geometrie darstellen. Der Term „Punkt", wie er in der theoretischen Physik gebraucht wird, ist ein Konstrukt und bezeichnet keine Objekte, die direkter Beobachtung zugänglich sind.

Eine Interpretation ist aber nicht einmal im allgemeinen mit einer Menge von Reduktionssätzen gleichbedeutend: die Interpretation eines theoretischen Terms kann durchaus von Ausdrücken Gebrauch machen, die mittels einer Menge auf Beobachtungsprädikaten basierender Reduktionssätzen einführbar sind. Aber solche Ausdrücke wird man in aller Regel nicht dazu benutzen, notwendige und hinreichende Bedingungen für den fraglichen theoretischen Term anzugeben, sondern nur dazu, eine partielle Zuordnung empirischen Gehalts zu ihm zu liefern. Man betrachte den zuvor erwähnten Fall einer Rekonstruktion der Chemie, in dem die Elemente in Form ihrer Atomstruktur theoretisch definiert und empirisch durch Bezug auf ihre physikalischen und chemischen Gesamtmerkmale interpretiert sind. Einige der letzteren, wie Löslichkeit in besonderen Lösungsmitteln, Dehnbarkeit, chemische Affinität usw. haben mehr den Charakter von Dispositionskonzepten als von Observablen und darüber hinaus ist die Interpretation nur auf ausreichend große Mengen der fraglichen Substanz anzuwenden, so daß sicherlich nur eine partielle Interpretation des theoretischen Terms geleistet wird.

Als Konsequenz daraus kann eine interpretierte wissenschaftliche Theorie nicht äquivalent in ein System von Sätzen übersetzt werden, dessen konstituierende extralogische Terme alle entweder Beobachtungsprädikate sind oder von Beobachtungsprädikaten mittels Reduktionssätzen zu erlangen sind; und a fortiori ist keine wissenschaftliche Theorie einer endlichen oder unendlichen Klasse von Sätzen, die denkbare Erfahrungen beschreiben, äquivalent.

Betrachtungen der hier angestellten Art haben einige Autoren zu der Ansicht gebracht, daß die Regeln der Interpretation für eine wissenschaftliche Theorie überhaupt nicht in präzisen Termen festgelegt werden können, daß sie immer irgendwie vage bleiben müssen[32]. Andere haben vorgeschlagen, daß die Interpretation von theoretischen Termen in die Form von Wahrscheinlichkeitssätzen gebracht werden sollten[33]. So erfahren die Schlüsselbegriffe der psychoanalytischen Theorie (die zwar niemals ganz explizit und präzise bestimmt worden sind und für die keine Axiomatisierung vorhanden ist) eine empirische Interpretation durch Bezug auf freie Assoziationen, Traumberichte, Versprechen, Verschreiben und Vergeßlichkeiten und andere mehr oder weniger direkt bestimmbare Aspekte offenkundigen Verhaltens. Aber eine vorsichtige Rekonstruktion hätte beobachtbare Anhaltspunkte dieser Art nicht als strikt notwendige oder hinreichende Bedingungen für bestimmte hypothetische Zustände oder Prozesse wie ödipale Fixierung, Regression oder Übertragung zu behandeln, sondern vielmehr als „Indikatoren", die an solche hypothetischen Zustände als Wahrscheinlichkeitsrelationen gebunden sind. So könnten die Interpretationsregeln für einen psychoanalytischen Begriff C die Wahrscheinlichkeiten einzeln aufgeführter, beobachtbarer Symptome genau anzugeben, die in Individuen auftreten, welche das nichtbeobachtbare Merkmal M besitzen und umgekehrt, die Warscheinlichkeiten für die Präsenz von M, falls solche und solche beobachtbaren Symptome vorliegen. Allgemein könnte man sagen, daß einem theoretischen System dann eine empirische Interpretation gegeben ist, wenn Bestätigungsregeln in der Weise aufgestellt worden sind, daß für jeden Satz S der Theorie und für jeden Beweissatz B, der in Form von Beobachtungsprädikaten formuliert werden kann (gleichgültig, ob er tatsächlich wahr oder falsch ist), die Regeln festsetzen (1) in welchem Umfang B S bestätigt oder welche Wahrscheinlichkeit B S verleiht; und umgekehrt (2) welche Wahrscheinlichkeit S an B zuerteilt.

Diese Konzeption von Interpretation ist jedoch zum gegenwärtigen Zeitpunkt größtenteils ein Programm. Seine Realisierung erfordert die Entwicklung einer adäquaten Theorie der Hypothesenwahrscheinlichkeit. Wichtige Schritte in diese Richtung sind unternommen worden, aber die Ergebnisse sind noch umstritten[34]. Eine detaillierte Diskussion würde uns weit über den Rahmen dieser Studie hinausführen.

8. Empirische und systematische Bedeutung wissenschaftlicher Terme – Bemerkungen zum Operationalismus

Ein theoretisches System ohne empirische Interpretation ist nicht testbar und kann daher keine Theorie empirischer Phänomene konstituieren – wir werden von seinen Termen wie auch von seinen Begriffen sagen, daß ihnen *empirische Bedeutung* fehlt.

So gibt der Neovitalismus für seinen Schlüsselbegriff „Entelechie" oder für Terme, die durch ihn definierbar sind, keine Interpretation und bietet auch keine indirekte Interpretation durch die Formulierung eines Systems von allgemeinen Gesetzen und Definitionen an, die den Term „Entelechie" mit anderen interpretierten Termen der Theorie verbinden. Folglich kann der Begriff der Entelechie nicht dem Erklärungszweck dienen, für den er geplant war. Denn ein Begriff kann nur Erklärungskraft im Kontext einer interpretierten Theorie haben. So ist z. B. die Aussage, daß die Regelmäßigkeiten der Planetenbewegung durch den Begriff der universellen Gravitation erklärt werden können, nur eine verkürzte Weise, die Behauptung auszudrücken, daß solche Regelmäßigkeiten durch die formale *Theorie* der Gravitation, zusammen mit der üblichen Interpretation ihrer Terme, erklärbar sind.

Ein anderes Beispiel ist der Gebrauch des Terms „Zweck" in einigen teleologischen Darlegungen biologischer Phänomene. Wenn so von einer bestimmten Form von Mimikry gesagt wird, daß sie den Zweck habe, eine gegebene Spezies durch Schutz ihrer Mitglieder vor ihren natürlichen Feinden zu erhalten, wird keine direkte oder indirekte Interpretation von „Zweck" in Form von Observablen bestimmt; d. h. keine Kriterien werden festgesetzt, durch die es möglich würde, Behauptungen über die Zwecke biologischer Phänomene zu überprüfen und z. B. zwischen der gerade erwähnten Sichtweise und der anderen Meinung zu entscheiden, daß nämlich Mimikry den Zweck hat, ästhetische Vielfalt in die Tierwelt zu bringen. Die Behauptung, daß Mimikry tatsächlich die Mitglieder einer gegebenen Spezies in gewissem Ausmaß schützt, ist nicht als Interpretation der ersterwähnten Ansicht geeignet, denn dann müßte die andere Auffassung als Feststellung gedeutet werden, daß Mimikry tatsächlich ästhetische Vielfalt bewirkt. Und so würden sich beide Behauptungen als wahr herausstellen – ein Ergebnis, das sicherlich nicht mit dem Geist und den Intentionen teleologischer Argumente harmoniert. So fehlt dem Term „Zweck" und den Sätzen, in denen er vorkommt, empirische Bedeutung, wenn er in Zusammenhängen wie diesen gebraucht wird. Sie können keinerlei theoretisches Verständnis der fraglichen Phänomene liefern. Diese Benutzung teleologischer Terminologie kann als eine illegitime Übertragung von Zusammenhängen ähnlicher grammatikalischer Form charakterisiert werden, für die allerdings eine empirische Interpretation vorhanden ist, wie z. B. „die Sicherheitsventile von Dampfmaschinen haben den Zweck, Explosionen zu verhüten". Dieser Satz kann unter Bezug auf die Intentionen und Vorstellungen des Konstrukteurs interpretiert werden, die selbst, wenigstens unter günstigen Bedingungen, durch verschiedene Beobachtungsmethoden ermittelt werden können. Zweifellos ist es die enge sprachliche Analogie zu Fällen der letzterwähnten Art, die die Illusion empirischer Bedeutung in teleologischen Argumenten der vorher betrachteten Spielart erweckt.

Das Insistieren darauf, daß kein Term der Wissenschaft signifikant sein kann, wenn er nicht eine empirische Interpretation besitzt, ist die Grundthese der Schule des Operationalismus, die ihren Ursprung in der methodologischen Arbeit des Physikers P. W. Bridgman hat[35] und auch großen Einfluß in der Psychologie und den Sozialwissenschaften hat.

Der grundlegende Gedanke des Operationalismus ist „die Forderung, daß die für die Beschreibung der Erfahrung benutzten Begriffe oder Terme in Form von Operationen verfaßt sind, die eindeutig nachvollzogen werden können"[36]. In anderen Worten, die Vorschrift, daß für die Terme der empirischen Wissenschaft Anwendungskriterien existieren müssen, die in Form von experimentellen oder Beobachtungsverfahren abgefaßt sind. Die operationalen Kriterien für die Anwendung des Terms „Länge" z. B. würden in geeigneten Regeln für die Messung von Länge bestehen. Der Gedanke sollte jedoch nicht auf quantitative Terme beschränkt bleiben. So könnten die operationalen Anwendungskriterien für den Term „Diphterie" in Form der verschiedenen Diphteriesymptome formuliert werden. Dies würde nicht nur die Symptome einbeziehen, die durch die „Operation" der direkten Patientenbeobachtung bestimmt werden können, sondern auch die Ergebnisse bakteriologischer und anderer Tests, die „Operationen" wie den Gebrauch von Mikroskopen und die Anwendung von Techniken zur Probenfärbung erfordern.

Die Bestimmung solcher Anwendungskriterien für einen gegebenen Term wird oft als operationale Definition bezeichnet. Diese Terminologie führt jedoch in die Irre. Denn zuerst einmal schiene der Term „operational" jegliche Kriterien auszuschließen, die einfach direkte Beobachtung ohne irgendeine Manipulation erforderte und, wie unser letzteres Beispiel zeigt, würde dies ein unbegründete Einschränkung bedeuten. Und zweitens wäre das Beharren darauf, daß jedes wissenschaftliche Konzept in „operationalen" Termen zu *definieren* ist, in unberechtigter Weise restriktiv: wie wir in den vorhergehenden zwei Abschnitten zu zeigen versuchten, würde es unter anderem die aussagekräftigsten theoretischen Konstrukte für unbrauchbar erklären.

Manchmal wird ein Versuch gemacht, das Insistieren auf einer spezifisch operationalen Interpretation für alle wissenschaftlichen Terme mit der Billigung von hochabstrakten theoretischen Konstrukten in Einklang zu bringen, indem man die Einführung der letzterwähnten als Operationen darstellt, die zusätzlich zu „physischen" Operationen „mentale", „verbale" und „Papier-und-Bleistift"-Operationen beinhalten[37]. Dieser Gedanke wird dann sogar auf rein mathematische Begriffe ausgeweitet, von denen behauptet wird, sie seien in Form von mentalen Operationen definiert. Solch eine Betrachtungsweise versäumt jedoch, die systematischen von den psychologischen Aspekten der Begriffsbildung zu unterscheiden. So erfordert z. B. die Definition mathematischer Terme keinerlei Bezug auf mentale Operationen, obwohl mentale Operationen in den psychologischen Prozessen der Definition und des Gebrauchs mathematischer Terme eingeschlossen sind. Darüber hinaus sind mentale Operationen genau so gut im Gebrauch der Terme „Entelechie" oder „absolute Simultaneität von räumlich getrennten Ereignissen" einbegriffen, die das operationalistische Kriterium als empirisch inhaltsleer ausschließen will. Daher bedeutet das Zulassen von „mentalen Operationen" in den Anwendungskriterien für wissenschaftliche Terme, all den Konzepten eine Hintertür zu öffnen, die der Operationalismus ursprünglich aus dem Vokabular der Wissenschaft ausschalten wollte.

Eine Alternative zum Vertrauen auf „mentale Operationen" und zur Konzeption operationaler Kriterien, die allgemein volle *Definitionen* liefern, wird durch Betrachtung der vernünftigen Grundaussage des operationalistischen Ansatzes nahegelegt, d. h. der Überlegung, daß wissenschaftliche Terme ihre Funktion in Sätzen haben, die eines objektiven Tests hinsichtlich Daten fähig sind, die durch direkte Beobachtung beschafft wurden. „Operationale Definition" wurde als ein Mittel betrachtet, ihre Eignung für diesen Zweck zu gewährleisten, und zwar durch die Lieferung von Kriterien für den Test der Sätze, in denen die Terme auftreten. Wenn so z. B. der Ausdruck „Mineral x ist härter als Mineral y" „operational definiert" wird durch „eine scharfe Stelle einer Probe des Minerals x ritzt eine weiche Oberfläche einer Probe des Minerals y", dann sind Kriterien für den intersubjektiven Test vergleichender Urteile über Härte bestimmt worden. Aber die Bestätigungsfähigkeit einer Theorie erfordert nicht volle Definition ihrer konstituierenden Begriffe in Form von Observablen: eine partielle empirische Interpretation wird hinreichen. Dies legt eine Erweiterung des Begriffs der operationalen Definition nahe: im weitesten Sinne können wir eine operationale Definition einer Menge von Termen, $t_1, t_2, \ldots, t_n$ in einer wissenschaftlichen Theorie als Interpretation − unter Bezug auf Observable − von $t_1, t_2, \ldots, t_n$ oder von anderen Ausdrücken bestimmen, die durch Definitionen in der Theorie mit $t_1, t_2, \ldots, t_n$ verbunden sind. So könnten z. B. solche operationalen Kriterien von Diphterie, die sich auf mehr oder weniger direkt beobachtbare Symptome beziehen, als eine partielle Interpretation des Terms „Diphterie" selbst betrachtet werden, während die Kriterien, die auf mikroskopische Befunde Bezug nehmen, eine partielle Interpretation solcher Terme wie „Löffler-Bakterium" leisten, die mit dem Term „Diphterie" in der bakteriologischen Theorie definitorisch verknüpft sind. In der hier vorgeschlagenen, erweiterten Interpretation ist das Grundprinzip des Operationalismus nichts als eine andere Formulierung der empirischen Forderung nach Bestätigungsfähigkeit[38] der Theorien der empirischen Wissenschaft. In der Tat existiert eine enge

Korrespondenz zwischen der Art und Weise, wie diese beiden Vorstellungen stufenweise liberalisiert worden sind. Das frühere Insistieren darauf, daß jeder Satz der empirischen Wissenschaft durch Beobachtungsnachweis voll verifizierbar oder falsifizierbar sein soll, ist in zwei Hinsichten modifiziert worden: (1) durch die Erkenntnis, daß in aller Regel eine wissenschaftliche Hypothese nicht isoliert, sondern nur in Verbindung mit anderen Sätzen getestet werden kann – der Test einer bakteriologischen Hypothese mittels Techniken der Probenfärbung und mittels Mikroskopen setzt z. B. verschiedene Hypothesen der Mechanik, Optik und Chemie voraus –, so daß das Kriterium der Bestätigungsfähigkeit mehr auf umfassende Hypothesensysteme als auf einzelne Sätze angewendet werden muß; (2) durch die Ersetzung der allzu starren Regel vollständiger Verifizierbarkeit oder Falsifizierbarkeit durch die liberalere Forderung, daß ein System von Hypothesen fähig sein muß, in mehr oder weniger hohem Ausmaß durch Beobachtungsnachweise bestätigt zu werden. Auf analoge Weise ist die Vorstellung, daß jeder wissenschaftliche Term der Definition in Form von Observablen fähig sein soll, erweitert worden durch (1) Anwendung auf ein ganzes System von Termen, die in einem theoretischen Netzwerk durch Gesetze und Definitionen verknüpft sind, und (2) Ersatz der Anforderung einer vollständigen Definition durch die der partiellen Interpretation, wie es im vorausgehenden Abschnitt diskutiert wurde.

Wie in Abschnitt 5 bemerkt, bemüht sich Wissenschaft um Objektivität in dem Sinne, daß ihre Sätze allgemeiner Tests fähig sein sollen, und zwar mit Ergebnissen, die nicht in wesentlichem Ausmaß mit dem jeweiligen Testenden veränderlich sind. Diese Anforderung macht es dringend notwendig, daß das in der Interpretation wissenschaftlicher Terme benutzte Vokabular eine hohe Determinanz und Uniformität des Gebrauchs besitzt. Diese Überlegung ist für die Tendenz verantwortlich, solche Erfahrungskriterien – wie der direkte Vergleich zweier angrenzender Ebenenoberflächen in Hinsicht auf Leuchtdichte (wie er in der Photometrie gebraucht wird) oder das Basieren auf spezifischen Geruchs-, Geschmacksunterschieden und visuellen Erscheinungen oder auf dem seifigen Gefühl einer Lauge in der chemischen Arbeit – durch die Benutzung von Instrumenten zu ersetzen. Dies reduziert den erforderlichen Beobachtungsnachweis auf Sätze, die räumliche und zeitliche Koinzidenzen oder spezielles Ablesen einer Zeigerangabe beschreiben – eine Reduktion, die eine beachtliche Zunahme pragmatischer Determinanz mit sich bringt.

Eine andere Manifestation der Suche nach wissenschaftlicher Objektivität ist das Interesse, das Psychologen und Sozialwissenschaftler der sogenannten *Reliabilität* ihrer „operationalen Definitionen" entgegenbringen. Man betrachte z. B. die Skala des sozialen Status, wie sie von Chapin[39] vorgelegt wurde. Ihr Zweck ist es, amerikanische Wohnungen in Hinsicht auf ihren sozialen Status einzustufen, und zwar auf der Basis leicht erhältlicher Informationen, die Gegenstände wie Parkettfußböden, Radios usw. und die Bedingungen ihrer Ausbesserung wie auch die allgemeine Sauberkeit und Ordentlichkeit des Wohnzimmers betreffen. Jedem möglichen Fund bei den verschiedenen Erhebungen ist eine bestimmte positive oder negative ganze Zahl als Gewichtung zugeordnet und die Stufe des sozialen Status einer Wohnung wird dann durch ein bestimmtes arithmetisches Verfahren aus den ihr von einem ausgebildeten Forscher zugeordneten Gewichtungen bestimmt. Offensichtlich hängt die

Objektivität der so erhaltenen Einstufungen von der Determinanz und Uniformität ab, mit der verschiedene Forscher grundlegende, die Skala bestimmenden Kriterien anwenden. Die Reliabilität der Skala soll diese Konsistenz des Gebrauchs in numerischen Termen ausdrücken. Chapin benutzt zwei verschiedene Reliabilitätsmaße: (1) die Korrelation zwischen den von einem Beobachter bei zwei aufeinanderfolgenden Besuchen bei derselben Menge von Wohnungen erhaltenen Markierungen (dies drückt aus, was von uns Determinanz des Gebrauchs genannt wurde), und (2) die Korrelation zwischen den von zwei verschiedenen Beobachtern für dieselbe Menge von Wohnungen erhaltenen Markierungen (drückt die Uniformität des Gebrauchs aus)[40]. Obwohl die so erhaltene Reliabilität hoch war, war sie doch nicht perfekt, besonders dann nicht, wenn sie auf die zweite Art bestimmt wurde. Die hier reflektierten, zwischen den Beobachtern bestehenden Differenzen scheinen größtenteils auf die Tatsache zurückzuführen zu sein, daß wenigstens ein Kriterium da ist, das vom Untersuchenden verlangt, seinen allgemeinen Eindruck von gutem Geschmack im Aussehen des Wohnzimmers in numerischen Termen auszudrücken, während die meisten Einstufungskriterien ihrem Charakter nach rein deskriptiv sind: wenn dieser Eindruck seltsam, unharmonisch oder anstößig ist, dann ist z. B. die Markierung in dieser Erhebung -4. Man kann wohl erwarten, daß bewertende Ausdrücke eine geringere Uniformität des Gebrauchs besitzen als deskriptive. Daher wird ihr Gebrauch zur Bestimmung der Bedeutungen wissenschaftlicher Terme dahin tendieren, mit der Forderung einer einheitlichen intersubjektiven Bestätigungsfähigkeit für die Sätze der Wissenschaft in Konflikt zu geraten.

Ein weiteres Beispiel für dieses Problem ist Ogburns Hypothese des "cultural lag"[41]. In grober Zusammenfassung behauptet diese Hypothese, daß bestimmte Aspekte der nichtmateriellen Kultur einer sozialen Gruppe von der vorherrschenden materiellen Kultur abhängen und sich an diese anpassen, so daß ein Wandel in der letzteren (z. B. exzessiver Raubbau an Wäldern) einen entsprechenden Wandel in der adaptiven Kultur mit sich bringt (z. B. gesetzliche Bestimmungen zur Erhaltung der Wälder). Zwischen dem Auftreten der korrespondierenden Wandlungen liegt jedoch eine zeitliche Verzögerung von unterschiedlicher Länge. Eine Schätzung der Verzögerung in jedem besonderen Fall erfordert nicht nur eine Bestimmung der Zeit, wann ein Wandel in der adaptiven Kultur als Reaktion auf einen materiellen Wandel wirklich stattgefunden hat, sondern auch eine Bestimmung der Zeit, wann es stattgefunden haben „sollte", um einer ernsthaften „Fehlanpassung" vorzubeugen. Aber wie Ogburn selber ehrlich eingestanden hat, hängt „die Vorstellung, die jemand von Adaption hat, in gewissem Maße von dessen Einstellung zum Leben, seiner Auffassung von Fortschritt und seinen religiösen Glaubensansichten ab"[42]. Genau deshalb sind Hypothesen, die solche bewertenden Begriffe verwenden, nicht eines einheitlichen intersubjektiven Tests fähig und ermangeln deshalb der Objektivität, die eine unverzichtbare Vorbedingung wissenschaftlicher Formulierungen ist[43]. Eine Tatsacheninformation, die die Hypothese des "cultural lag" vermitteln will, bedarf daher der Neuformulierung in einer nichtbewertenden Terminologie[44]. Analoge Überlegungen scheinen auf die funktionalistische Theorie der Kultur[45] anwendbar zu sein, die beabsichtigt, soziale Institutionen und kulturellen Wandel unter Bezug auf spezifische soziale Bedürfnisse, die sie befriedigen, zu erklären. Einige der für diesen Zweck benutzten Begriffe scheinen ihrem Charakter nach bewertend, andere teleologisch zu sein. Um die empirische Bedeutung funktionaler Analysen zu ermitteln, ist es daher wesentlich, daß man diesen Begriffen eine Interpretation in nichtnormativen Termen gibt.

Ungeachtet der Vernünftigkeit, auf operationalen Interpretationen für wissenschaftliche Terme zu beharren, darf nicht vergessen werden, daß gute wissenschaftliche Konstrukte auch *theoretische* oder *systematische Bedeutung* besitzen müssen, d. h. sie müssen die Aufstellung erklärender und prognostischer Prinzipien in Form allgemeiner Gesetze oder Theorien erlauben. Etwas ungenau ausgedrückt ist die systematische Bedeutung einer Menge theoretischer Terme durch die Reichweite, den Grad der Tatsachenbestätigung und die formale Einfachheit der allgemeinen Prinzipien, in denen sie die Funktion haben, bestimmt[46].

In den theoretisch fortgeschrittenen Stadien der Wissenschaft sind diese beiden Aspekte der Begriffsbildung untrennbar verbunden. Denn die Interpretation eines Systems von Konstrukten setzt, wie wir sahen, ein Netzwerk von theoretischen Sätzen voraus, in denen diese Konstrukte auftreten. In den Anfangsstadien der Forschung jedoch, die durch ein in großem Ausmaß bestehendes Beobachtungsvokabular und durch einen niedrigen Verallgemeinerungsgrad charakterisiert sind, ist es möglich, die Fragen nach empirischer und systematischer Bedeutung zu trennen. Und tut man dies explizit, so kann dies für eine Klärung einiger ziemlich wichtiger methodologischer Problemstellungen hilfreich sein.

Begriffe mit empirischer Bedeutung können ohne weiteres in jeder Zahl definiert werden, aber die meisten von ihnen werden für systematische Zwecke nutzlos sein. So könnten wir das „Grölter" einer Person als das Produkt ihrer Größe in Millimetern und ihres Alters in Jahren definieren. Diese Definition ist operational adäquat und der so eingeführte Term „Grölter" hat relativ hohe Präzision und Uniformität des Gebrauchs, aber er hat keine theoretische Bedeutung, da wir keine allgemeinen Gesetze haben, die das Grölter einer Person mit anderen Merkmalen verbinden.

Die Bedeutsamkeit der systematischen Bedeutung wird gut durch die verschiedenen Versuche veranschaulicht, die gemacht wurden, um Menschen in unterschiedliche Typen entsprechend physischer oder psychologischer Merkmale zu untergliedern. Es gibt viele verschiedene Arten, in denen solch typologische Klassifikationen mittels „operational signifikanter" Kriterien zustandegebracht werden können, so daß die entsprechenden Typenbegriffe zweifellos empirische Bedeutung besitzen. Trotzdem unterscheiden sich die resultierenden Systeme beachtlich in ihrer wissenschaftlichen Fruchtbarkeit; denn in typologischen wie auch in allen anderen klassifikatorischen Systemen ist es wesentlich, daß die definierenden Merkmale jeder Klasse mit einer großen Anzahl anderer Attribute empirisch verbunden sind, so daß die Angehörigen von irgendeiner Klasse Bündel von empirisch korrelierten Kennzeichen zeigen. In typologischen Systemen ist z. B. eines der Hauptziele die Abgrenzung verschiedener Typen mittels physischer Merkmale, die eng mit anderen physischen Attributen und mit bestimmten Gruppen psychologischer Charakterzüge korreliert sind. Klassifikationen, die diese Anforderung erfüllen, werden oft *natürliche Klassifikationen* genannt, im Unterschied zu den sogenannten *künstlichen Klassifikationen*, die durch Abwesenheit regelmäßiger Verbindungen zwischen definierenden Merkmalen und anderen, logisch von ihnen unabhängigen Merkmalen charakterisiert sind. Diese Unterscheidung wird ausführlicher im Abschnitt 9 behandelt werden.

Neuere typologische Theorien, besonders die von Sheldon[47], berücksichtigen Abstufungen in den verschiedenen physischen und mentalen Persönlichkeitszügen, die sie behandeln. Dies liefert eine theoretische Anordnung von Individuen in einem strukturierenden Rahmen, der eher an ein Koordinatensystem als an eine Klassifikation mit scharfen Grenzlinien erinnert. Als ein fruchtbares Ordnungsschema kann man dasjenige bezeichnen, in welchem die Persönlichkeitszüge, deren Abstufung die Ordnung bestimmen, eine hohe Korrelation mit Bündeln anderer physischer oder psychologischer Merkmale besitzen[48].

In der zeitgenössischen methodologischen Literatur der Psychologie und der Sozialwissenschaften wird das Bedürfnis nach „operationalen Definitionen" oft unter Vernachlässigung der Forderung nach systematischer Bedeutung hervorgehoben und gelegentlich wird der Eindruck erweckt, daß der vielversprechendste Weg, das Wachstum der Soziologie als wissenschaftlicher Disziplin zu fördern, darin bestünde, einen großen Bestand an „operational definierten" Termen von hoher Determinanz und Uniformität des Gebrauchs zu schaffen[49], wobei es der späteren Forschung überlassen bleibt, zu entdecken, ob diese Terme sich für die Formulierung fruchtbarer theoretischer Prinzipien eignen. Aber Begriffsbildung in der Wissenschaft kann nicht von theoretischen Überlegungen getrennt werden. In der Tat ist es genau die Herausarbeitung von Begriffssystemen mit theoretischer Bedeutung, die wissenschaftliche Erkenntnis fortschreiten läßt; solche Herausarbeitung erfordert wissenschaftliche Erfindungsgabe und kann nicht durch die – sicherlich unverzichtbare, aber auch definitiv nicht ausreichende – operationalistische oder empiristische Forderung nach empirischer Bedeutung alleine ersetzt werden.

In der Literatur der Psychologie und Soziologie wird manchmal die folgende Meinung geäußert oder impliziert: wird ein Term der Umgangssprache – wie „manuelle Geschicklichkeit", „Introversion", „Nachgiebigkeit", „Intelligenz", „sozialer Status" usw. – in das wissenschaftliche Vokabular übernommen und wird ihm eine präzisere Interpretation unter Bezug auf spezifizierte Tests oder ähnliche Kriterien verliehen, dann ist es entscheidend, daß der letztere „valide" sei und zwar in dem Sinne, eine korrekte Charakterisierung des Kennzeichens zu liefern, auf das sich der Term in gewöhnlichem Gebrauch bezieht. Aber wenn dieser Term bis dahin nur in vorwissenschaftlichen Äußerungen benutzt worden ist, dann ist der einzige Weg zur Ermittlung, ob eine vorgeschlagene Menge von präzisen Kriterien ein „valides" Kontrollmaß des fraglichen Merkmals gewährt, den Umfang zu bestimmen, in dem die den Kriterien genügenden Objekte mit all denen Objekten zusammenfallen, denen das fragliche Merkmal in vorwissenschaftlichem Gebrauch zugeordnet würde. Und in der Tat haben verschiedene Autoren als Index der Validität eines in Vorschlag gebrachten Testverfahrens für ein psychologisches oder soziales Merkmal die Korrelation zwischen den Testmarkierungen einer Gruppe von Versuchspersonen und den zugewiesenen Einstufungen für das fragliche Merkmal gewählt und zwar durch Kenntnisgabe, wer sie „intuitiv" beurteilte, d. h. wer den zu betrachtenden Term seinem vorwissenschaftlichen Gebrauch entsprechend anwandte. Aber dem „intuitiven" Gebrauch solcher Terme in der Umgangssprache fehlt sowohl Determinanz wie Uniformität. Es ist daher ungerechtfertigt, sie als Terme, die sich auf klar abgegrenzte und unzweideutig bestimmbare Merkmale beziehen, zu betrachten und „korrekte" oder

„valide" Indikatoren oder Tests für die An- oder Abwesenheit der letzteren zu suchen.

Man sollte jedoch hinzufügen, daß in der zeitgenösssischen psychologischen und soziologischen Literatur wenigstens zwei andere Begriffe von Validität benutzt werden, die nicht dieser Art von Kritik unterworfen sind[50]; sie werden besonders auf numerische Skalen (die durch besondere Kriterien bestimmt sind) für Attribute wie Tonhöhe oder Intelligenz eines Individuums angewandt. Im wesentlichen gelten eines oder beide der folgenden Kriterien für solche Skalen (da sie beide nicht äquivalent sind, bestimmen sie zwei unterschiedliche Begriffe von Validität): (1) Eine hohe Korrelation der gegebenen Skala mit anderen Skalen, die entworfen wurden, um das gleiche Attribut darzustellen, oder mit einem anderen vorher gewählten Kriterium; (2) Fähigkeit des Attributs, das „operational definiert" ist durch die Kriterien für die gegebene Skala, fruchtbare und einfache theoretische Verbindungen mit anderen Merkmalen des gleichen Untersuchungsgebiets einzugehen[51]. Validität im ersten Sinne ist eine relative Angelegenheit: einer Skala, oder dem eingestuften Merkmal, das von ihr dargestellt wird, kann eine spezifische Validität nur in Bezug auf bestimmte, vorher akzeptierte Kriterien oder Testskalen zugeordnet werden und ihre Validität kann hinsichtlich einer solchen Menge hoch, aber niedrig hinsichtlich einer anderen sein. Diese Konzeption der Validität scheint daher nicht von großer theoretischer Relevanz zu sein. Ihre Hauptbedeutung liegt vielleicht in der Tatsache, daß sie durch ihre beabsichtigte Korrelation mit anderen skalierten Merkmalen die Forderung nach systematischer Bedeutung ahnen läßt; es ist genau diese Forderung, die deutlich die Grundlage der zweiten Konzeption der Validität konstituiert.

Um zusammenzufassen und noch etwas näher auszuführen: im Stadium exploratorischer, vortheoretischer Forschung wird Wissenschaft oft vom Vokabular der Umgangssprache mit allen ihren Unzulänglichkeiten Gebrauch machen müssen, aber im Verlauf ihrer Entwicklung muß sie ihren Begriffsapparat modifizieren, um den theoretischen Gehalt des sich ergebenden Systems und die Präzision und Uniformität seiner Interpretation zu vergrößern — ohne durch die Überlegung gehindert zu werden, wie sie den vorwissenschaftlichen Gebrauch herkömmlicher Terme, die in ihr Vokabular übernommen wurden, erhalten und explizieren könnte. Die Physik z. B. hätte nicht ihre gegenwärtige theoretische Stärke erlangt, hätte sie darauf beharrt, solche Terme wie „Kraft", „Energie", „Feld", „Wärme" usw. in einer Weise zu gebrauchen, die in dem oben erwähnten Sinne "valid" wären[52]. Zum gegenwärtigen Zeitpunkt ist die Verbindung zwischen der technischen und vorwissenschaftlichen Bedeutung theoretischer Terme wirklich in vielen Fällen recht dünn geworden, aber der durch diese „Entfremdung" erreichte Gewinn ist eine enorme Zunahme in der Reichweite, Einfachheit und erfahrungsmäßigen Bestätigung wissenschaftlicher Theorien. In der Tat ist es größtenteils eine Sache historischen Zufalls und teilweise eine Sache der Bequemlichkeit, daß Terme des Umgangsdeutsch der Formulierung abstrakter Theorien benutzt werden. Eigens geschaffene Worte oder Symbole — wie sie ja tatsächlich in gewissem Umfang in allen theoretischen Disziplinen gebraucht werden — würden demselben theoretischen Zweck dienen und könnten den praktischen Vorteil bieten, verschiedenen falschen Vorstellungen zuvorzukommen, zu denen der Gebrauch bekannter umgangssprachlicher Terme Anlaß gibt[53].

Ein Interesse an theoretischer Bedeutung beeinflußt in zunehmendem Maße die Begriffsbildung auch in Psychologie und Soziologie und man kann erwarten, wenn ein Begriffssystem in diesen Disziplinen sich entwickelt, das eine klare empirische Interpretation und beachtliche theoretische Kraft besitzt, daß dies System übernommen wird, selbst wenn es sich radikal von den konventionellen Begriffen unterscheiden und zu den von diesen konstruierten Gruppierungen und Schablonen in Widerpart stehen sollte. Tatsächlich spiegeln sich Wandlungen im konzeptuellen Rahmen deutlich in einigen neuen theoretischen Entwicklungen wider. Eine davon ist der Versuch, durch Faktorenanalyse[54] Systeme primärer mentaler Merkmale zu isolieren. Die durch diese Methode herausgearbeiteten primären Faktoren korrespondieren in aller Regel nicht eng mit den gemeinhin in vorwissenschaftlichen Abhandlungen unterschiedenen psychologischen Merkmalen. Dies ist allerdings irrelevant für das strikt systematische Ziel des Verfahrens, nämlich die Darstellung zahlreicher Persönlichkeitszüge, von denen jeder durch besondere Tests charakterisiert ist, als spezifische Verbindungen – genauer, als lineare Funktionen – einer relativ kleinen Zahl von unabhängigen primären Faktoren[55]. Während in der Faktorenanalyse größtenteils auf ein Begriffssystem Nachdruck gelegt wird, das mit wenigen deskriptiven Elementen auskommt, gibt es andere theoretische Trends, die hauptsächlich auf die Konstruktion von Systemen mit erklärender und prognostischer Kraft zielen. Diese Trends werden u. a. durch neue behavioristische Lerntheorien[56] und durch psychoanalytische und verwandte Ansätze zu bestimmten Aspekten der Persönlichkeit und Kultur demonstriert.

III. Einige Grundtypen der Begriffsbildung in der Wissenschaft

9. Klassifikation

Das vorhergehende Kapitel handelte von allgemeinen logischen und methodologischen Problemen der Begriffsbildung in der empirischen Wissenschaft. In diesem Kapitel nun werden wir drei weithin benutzte spezifische Typen der wissenschaftlichen Begriffsbildung untersuchen, nämlich die Verfahren der Klassifikation, der nichtmetrischen Ordnungen und der Metrisierung. Im folgenden Abschnitt werden wir die Klassifikation betrachten.

Allgemein gesprochen wird eine Klassifikation der Objekte in einem gegebenen Bereich B (Zahlen, ebene Figuren, chemische Verbindungen, galaktische Systeme, Bakterien, menschliche Gesellschaften usw.) durchgeführt, indem zwei oder mehr Kriterien derart aufgestellt werden, daß jedes Element aus B genau eines dieser Kriterien erfüllt. Jedes Kriterium setzt eine bestimmte Klasse fest, nämlich die Klasse aller Objekte in B, die das Kriterium erfüllen. Und wenn wirklich jedes Objekt in B genau einem der Kriterien genügt, dann schließen sich die so bestimmten Klassen wechselseitig aus und erschöpfen zusammen B.

So ist z. B. eine übliche anthropometrische Klassifikation menschlicher Schädel auf die folgenden Kriterien, C_1 bis C_5, gegründet:

(9.1) C_1: der kephalische Index, $c(x)$ des Schädels x ist 75 oder weniger, oder, $c(x) \leqslant 75$; $C_2: 75 < c(x) \leqslant 77{,}6$; $C_3: 77{,}6 < c(x) \leqslant 80$; $C_4: 80 < c(x) \leqslant 83$; $C_5: 83 < c(x)$.

Die durch diese Kriterien bestimmten Eigenschaften werden jeweilig als (1) Dolichokephalie, (2) Subdolichokephalie, (3) Mesatikephalie, (4) Subbrachykephalie und (5) Brachykephalie bezeichnet.

In diesem Fall sind die Bedingungen der Ausschließlichkeit der Teilmengen und der vollständigen Zerlegung einfach als logische Konsequenz der bestimmenden Kriterien erfüllt. Denn per definitionem ist der Index jedes Schädels eine positive Zahl, und jede positive Zahl fällt genau in eines der fünf durch die Kriterien (9.1) angegebenen Intervalle. Eine analoge Beobachtung gilt insbesondere für alle dichotomen Klassifikationen, die durch einen Eigenschaftsbegriff und seine Verneinung bestimmt sind, wie die Aufteilung ganzer Zahlen in die Zahlen, die ganzzahlige Vielfache von 2 sind bzw. es nicht sind, die Aufteilung chemischer Verbindungen in organische und anorganische Verbindungen und der Bakterien in gram-positive und gram-negative Bakterien.

Von größerer Bedeutung für empirische Wissenschaft ist jedoch der Fall, wo wenigstens eine Bedingung der Ausschließlichkeit der Teilmengen und vollständigen Zerlegung nicht einfach als logische Konsequenz der bestimmenden Kriterien, sondern auf Grund empirischer Tatsachen erfüllt wird. Denn dies deutet auf ein empirisches Gesetz und verleiht so den involvierten klassifikatorischen Konzepten einen gewissen Grad an systematischer Bedeutung. So sind z. B. die Aufteilungen von Menschen in Männer und Frauen auf der Basis primärer Geschlechtsmerkmale oder des Tierreichs in verschiedene Gattungen und die Klassifikation von Kristallen, wie sie in der Kristallographie entwickelt wurde, nicht logisch erschöpfend. Soweit sie es tatsächlich sind, haben sie auf Grund von Gesetzen eine systematische Bedeutung, da jedes Objekt im betrachteten Bereich eines der Bestimmungskriterien erfüllt.

Wie früher bereits bemerkt, wird häufig zwischen *natürlichen* und *künstlichen Klassifikationen* unterschieden. Von der ersten wird manchmal gesagt, sie stütze sich auf wesentliche Merkmale der in Untersuchung befindlichen Objekte und fasse diejenigen, die grundlegende Ähnlichkeiten besitzen, zu Gruppen zusammen, während die letzteren als Gruppierungen betrachtet werden, die durch oberflächliche Ähnlichkeit oder externe Kriterien bestimmt werden. So würde z. B. die taxonomische Aufteilung von Pflanzen oder Tieren gemäß phylogenetischen Kriterien in Ordnungen, Familien, Gattungen und Arten als Bestimmung einer natürlichen Klassifikation angesehen werden – ihre Aufteilung in mehrere Gewichtsklassen, dem durchschnittlichen Gewicht eines voll ausgewachsenen Exemplars entsprechend, würde gewöhnlich als künstlich betrachtet.

Aber der hier heraufbeschworene Begriff des wesentlichen Merkmals ist zu undeutlich, um als bestimmendes Kriterium für diese Klassifikation der Klassifikationen akzeptabel zu sein. In der Tat scheint es unmöglich, in signifikanter Weise von den wesentlichen Merkmalen einer individuellen Sache zu sprechen. Sicherlich könnte keine Prüfung eines gegebenen Objekts irgendeines seiner Merkmale als wesentlich nachweisen, und die herkömmliche Interpretation eines wesentlichen Merkmals einer Sache als eines, ohne das die Sache nicht die wäre, die sie ist, würde offensichtlich jedes Merkmal einer Sache als wesentlich qualifizieren und den Begriff trivial werden lassen.

Dem Gedanken eines wesentlichen Merkmals kann eine klarere Bedeutung gegeben werden, wenn es in Bezug auf Arten oder Klassen von Objekten benutzt wird anstatt auf individuelle Objekte, wie man z. B. von einer chemischen Umwandlung sagt, sie sei ein wesentliches Merkmal radioaktiver Elemente oder metabolische Aktivität sei ein wesentliches Element lebender Organismen. Sätze dieser Art haben die Form „Attribut Q ist ein wesentliches Merkmal von Dingen der Art P", was man als Behauptung auffassen kann, daß das Merkmal Q unveränderlich mit dem Merkmal P verbunden ist, d. h. daß der Satz „Was immer das Merkmal P hat, besitzt auch das Merkmal Q" entweder auf Grund der Logik oder auf Grund empirischer Tatsachen wahr ist. Aber dieses Konzept von Wesentlichkeit kann nur relativ zu einem gegebenen Merkmal P angewendet werden. Es rechtfertigt nicht die Auffassung, daß die Objekte in einem gegebenen Forschungsfeld hinsichtlich ihrer wesentlichen Merkmale beschrieben werden und dann in Gruppen unterteilt werden können, die eine natürliche Klassifikation bilden.

Der rationale Kern der Unterscheidung zwischen natürlichen und künstlichen Klassifikationen wird durch die Überlegung verdeutlicht, daß in sogenannten natürlichen Klassifikationen die bestimmenden Merkmale universell oder in einem hohen Prozentsatz aller Fälle mit anderen Merkmalen verknüpft sind, von denen sie logisch unabhängig sind. So ist von den zwei Gruppen der primären Geschlechtsmerkmale, die die Aufteilung von Menschen in Männer und Frauen bestimmen, jede — durch allgemeines Gesetz oder durch statistische Korrelation — mit einer Unzahl begleitender Merkmale verbunden. Dies macht es psychologisch recht verständlich, daß die Klassifikation als eine „in der Natur wirklich existierende" angesehen worden ist — im Kontrast zu einer „künstlichen" Aufteilung der Menschen nach dem ersten Buchstaben ihres Namens oder sogar danach, ob ihr Gewicht fünfzig Kilo über- oder unterschreitet.

Um es noch einmal zu sagen: die taxonomischen Kategorien der Gattung, Art usw., wie sie in der Biologie benutzt werden, bestimmen Klassen, deren Elemente noch verschiedene andere biologische Merkmale über diejenigen hinaus teilen, die die fraglichen Klassen definieren. Häufig spiegeln die von ihnen hergestellten Gruppierungen auch Relationen phylogenetischer Herkunft wider. So sind die Begriffe, durch die die Biologie ein „natürliches System" aufzustellen sucht, definitiv mit der Blickrichtung ausgewählt, systematische und nicht bloß deskriptive Bedeutung zu erreichen: „Der Entwurf einer Klassifikation ist in gewissem Umfang eine genauso praktische Aufgabe wie die Identifizierung von Artangehörigen, aber zur gleichen Zeit beinhaltet er mehr Spekulation und theoretisches Nachdenken"[57], denn ein „natürliches System ist . . . das, welches uns befähigt, eine maximale Anzahl von Prognosen und Deduktionen zu machen"[58]. In ähnlicher Weise sind die bestimmenden Merkmale in der Klassifikation von Kristallen ihrer Anzahl, relativen Länge und dem Neigungswinkel ihrer Achsen entsprechend empirisch verbunden mit einer Vielzahl anderer physikalischer und chemischer Merkmale. Analoge Beobachtungen gelten für die ingeniöse Anordnung der chemischen Elemente gemäß dem Periodischen System, dessen Regelungsprinzipien Mendeleev befähigte, die Existenz mehrerer Elemente, die damals noch nicht bekannt waren, vorauszusagen und mit großer Genauigkeit eine Anzahl ihrer physikalischen und chemischen Eigenschaften zu antizipieren.

Wenn eine natürliche Klassifikation folglich als Klassifikation konstruiert ist, deren definierende Merkmale hohe systematische Bedeutung besitzen, dann ist die Unterscheidung zwischen natürlichen und künstlichen Klassifikationen offensichtlich nur gradueller Natur. Darüber hinaus muß das Ausmaß, in dem eine vorgeschlagene Klassifikation systematisch fruchtbar und infolgedessen natürlich ist, durch empirische Untersuchung bestimmt werden. Und schließlich kann sich eine bestimmte Klassifikation für die Zwecke der Biologie als „natürlich" herausstellen; andere können für die Psychologie oder Soziologie fruchtbar sein[59] usw. und jede von ihnen wäre wahrscheinlich von geringem Nutzen in anderem Zusammenhang.

10. Klassifikatorische vs. komparative und quantitative Begriffe

Ein klassifikatorischer Begriff drückt, wie wir sahen, ein Merkmal aus, das jedes Objekt des betrachteten Bereichs entweder besitzen oder nicht besitzen muß. Wenn seine Bedeutung präzise ist, unterteilt es den Bereich in zwei Klassen, die durch eine scharfe Grenzlinie getrennt werden. Die Wissenschaft benutzt Begriffe dieser Art größtenteils, obwohl nicht ausschließlich, für die Beschreibung von Beobachtungsfunden und für die Formulierung anfänglicher, oft grober Verallgemeinerungen. Aber mit zunehmender Betonung eines subtileren und theoretisch fruchtbareren Begriffsapparats gibt es die Tendenz, klassifikatorische Typen durch andere zu ersetzen, die es ermöglichen, sich mit abstufungsfähigen Merkmalen zu beschäftigen. In Kontrast zum „entweder ... oder"-Charakter klassifikatorischer Begriffe berücksichtigen diese alternativen Typen ein „mehr oder weniger": jeder von ihnen sorgt für einen abgestuften Übergang von Fällen, wo das ihn wiedergebende Merkmal beinahe oder ganz fehlt im Verhältnis zu anderen, wo es sehr stark hervortritt. Es gibt zwei Haupttypen solcher Begriffe, die in der Wissenschaft benutzt werden: komparative und quantitative Begriffe[60]. Diese werden nun kurz beschrieben, um damit eine genauere Analyse in den folgenden Abschnitten vorzubereiten.

Der Gedanke des „mehr oder weniger" eines bestimmten Attributs kann in quantitativen Termen ausgedrückt werden, wenn z. B. die klassifikatorische Unterscheidung zwischen heiß, kalt etc. durch den Begriff der Temperatur in Grad Celsius ersetzt wird. Begriffe wie Länge in Zentimetern, Zeitdauer in Sekunden, Temperatur in Grad Celsius usw. werden *quantitative* oder *metrische* Begriffe, oder kurz *Quantitäten* genannt: sie ordnen jedem Gegenstand in ihrem Anwendungsbereich eine bestimmte reelle Zahl zu[61], der Wert der Quantität für diesen Gegenstand. Zusätzlich zu diesen sogenannten Skalarquantitäten, deren Werte einzelne Zahlen sind, gibt es andere metrische Begriffe, deren Werte eine Menge mehrerer Zahlen sind; unter diesen sind Vektoren wie Geschwindigkeit, Beschleunigung, Kraft usw. Die Grundprobleme der Metrisierung betreffen die Einführung von Skalaren, und wir werden deshalb unsere Diskussion quantitativer Begriff darauf beschränken.

Aber begriffliche Unterscheidungen, die ein „mehr oder weniger" betreffen, können auch ohne jeden Gebrauch numerischer Werte getroffen werden, so wenn z. B. die klassifikatorischen Terme „hart", „weich" usw. in der Mineralogie durch die Ausdrücke „x ist genauso hart wie y" und „x ist weniger hart als y" ersetzt werden – beide sind mittels des Ritztests definiert. Diese zwei Begriffe berücksichtigen einen Vergleich von je zwei Mineralstücken in Bezug auf ihre relative Härte, und sie bestimmen so eine Ordnung aller Mineralstücke, entsprechend ihrer zunehmenden Härte. Aber sie führen kein numerisches Maß für Härte ein und setzen auch keines voraus. Wir werden sagen, daß sie einen komparativen Begriff der Härte bestimmen und uns ganz allgemein auf einen Begriff, der auf Kriterien der hier gezeigten Art basiert, als *komparativen Begriff* beziehen.

Es ist oft geäußert worden, daß der Übergang von klassifikatorischen zu den elastischeren Begriffen in der Wissenschaft notwendig gewesen sei, weil die Objekte und Ereignisse der Welt, in der wir leben, einfach nicht die starren Grenzlinien aufweisen, die klassifikatorische Schemata benötigen, sondern stattdessen kontinuierliche Übergänge von einer Spielart zur anderen durch eine Reihe von Vermittlungsformen zeigen. So scheinen z. B. die Unterschiede zwischen lang und kurz, heiß und kalt, flüssig und fest, lebend und tot, männlich und weiblich usw. bei genauerer Betrachtung von einem „mehr oder weniger"-Charakter zu sein und deshalb auch keine sauberen Klassifikationen zu bestimmen. Aber dieser Weg, das Problem zu formulieren, führt zumindest in die Irre. Im Prinzip kann jede einzelne der gerade erwähnten Unterscheidungen in Form von klassifikatorischen Schemata eingerichtet werden, und zwar einfach durch die Festsetzung bestimmter präziser Grenzlinien. So könnten wir z. B. durch definitorische Festsetzung den Abstand zwischen zwei Punkten als lang oder kurz bestimmen, je nachdem, ob der gegebene Abstand, wenn wir längsseits einen willkürlich gewählten Standard legen, diesen über- oder unterschreitet. Dieses Kriterium bestimmt eine der Länge entsprechende dichotome Abstandsaufteilung. Und mittels mehrerer verschiedener Standardabstände können wir alle Abstände erschöpfend in jede, nicht zu große endliche Zahl von „Längenklassen" zerlegen, von denen jede klar spezifizierte Grenzen besitzt.

Jedoch – und diese Beobachtung drückt adäquater den entscheidenden Punkt aus – werden sich geeignet gewählte komparative und quantitative Begriffe oft für die Zwecke wissenschaftlicher Deskription und Systematisierung als so weit überlegen herausstellen, daß sie offenbar genau die Beschaffenheit des zu erforschenden Gegenstandes widerspiegeln werden, während der Gebrauch klassifikatorischer Kategorien als eine künstliche Oktroyierung erscheinen wird. Wir werden uns nun einer kurzen Überprüfung der Hauptvorteile zuwenden, die durch solche nichtklassifikatorischen Begriffe geboten werden[62]. Einige der in unserer Aufstellung aufgeführten Merkmale wird man ausschließlich oder überwiegend in Begriffen des quantitativen Typs finden.

(a) Durch Aufstellen von Ordnungen oder durch metrische Begriffe ist es oft möglich, zwischen Beispielen, die in einer gegebenen Klassifikation zusammengeworfen sind, zu differenzieren. In diesem Sinne liefert ein System quantitativer Terme größere deskriptive Flexibilität und Feinheit. So unterschied z. B. die grundsätzlich klassifikatorische Windskala von Beaufort zwölf Windstärken: Windstille, schwacher Lufthauch, schwache Brise, sanfte Brise, mäßige Brise, frische Brise usw., die durch Kriterien wie vertikal aufsteigender Rauch, Kräuselungen auf der Wasseroberfläche, weiße Schaumspitzen auf den Wellen usw. definiert sind. Ein korrespondierender quantitativer Begriff ist die Windgeschwindigkeit in Stundenkilometern, der deutlich feinere Differenzierungen erlaubt und zusätzlich alle möglichen Fälle erfaßt, während die Beaufortschen Klassen sich nicht notwendigerweise gegenseitig ausschließen und nicht alle Möglichkeiten ausschöpfen. Nun kann die deskriptive Feinheit eines klassifikatorischen Schemas durch die Konstruktion enger gefaßter Unterklassen vergrößert werden. Aber diese Möglichkeit verändert nicht die grundlegende Tatsache, daß die Anzahl der Unterscheidungen begrenzt bleiben muß. Davon abgesehen, erfordert zusätzliche Unterteilung die Einführung neuer Terme für die zu unterscheidenden verschiedenartigen Fälle – eine Unbequemlichkeit, die bei metrischen Begriffen vermieden wird.

(b) Eine Charakterisierung mehrerer Gegenstände mittels eines quantitativen Begriffs zeigt ihre relative Stellung in der durch diesen Begriff vertretenen Ordnung, z. B. daß ein Wind von 30 Stundenkilometern stärker als einer von 18 Stundenkilometern ist. Qualitative Charakterisierungen wie „sanfte Brise" und „mäßige Brise" geben keine solche Beziehung an. Dieser Vorteil quantitativer Begriffe ist eng mit dem Vorteil verbunden, der durch den Gebrauch von Numeralen anstatt besonderer Namen bei der Benennung von Straßen und Häusern gewonnen wird: Numerale zeigen räumliche Beziehungen an, die nicht durch Namen widergespiegelt werden.

(c) Größere deskriptive Flexibilität bewirkt auch größere Flexibilität in der Formulierung allgemeiner Gesetze. So könnten wir z. B. mittels klassifikatorischer Terme Gesetze wie dieses formulieren: „Wenn Eisen warm ist, ist es grau; wenn es heiß wird, wird es rot; und wenn es sehr heiß wird, dann wird es weiß", während es mit Hilfe ordnender Terme des metrischen Typs möglich ist, weit feinere und präzisere Gesetze zu formulieren, die Strahlungsenergie in verschiedenen Wellenlängen als eine mathematische Funktion der Temperatur ausdrücken.

(d) Die Einführung metrischer Terme ermöglicht eine extensive Anwendung der Begriffe und Theorien der höheren Mathematik: allgemeine Gesetze können in der Form von Funktionsbeziehungen zwischen verschiedenen Quantitäten ausgedrückt werden. Dies ist in der Tat die Standardform allgemeiner Gesetze in den theoretisch fortgeschrittensten Zweigen der empirischen Wissenschaft, und mathematische Methoden wie die der Differentialrechnung können bei der Anwendung in mathematischen Funktionen formulierter wissenschaftlicher Theorien auf konkrete Situationen, für Testzwecke, Prognose oder Erklärung benutzt werden.

In den folgenden Abschnitten werden wir Methoden zur Einführung komparativer und dann quantitativer Begriffe prüfen. Die Einführung eines skalaren quantitativen Begriffs wird auch als Bestimmung einer *Meßskala* oder einer *metrischen Skala* bezeichnet.

Wir folgen Campbell und unterscheiden zwei Arten der Einführung skalarer Quantitäten: *fundamentale Metrisierung,* die keine vorherigen metrischen Skalen voraussetzt und *abgeleitete Metrisierung,* d. h. die Bestimmung eines einzelnen metrischen Begriffs mittels anderer, wie die Definition der Dichte in Form von Masse und Volumen, oder bestimmter anthropologischer Indices als spezifizierte Funktionen der Entfernungen zwischen bestimmten Bezugspunkten im menschlichen Körper.

Der wichtigste — und vielleicht einzige — Typ der in den Naturwissenschaften benutzten fundamentalen Metrisierung wird durch die fundamentale Metrisierung von Masse, Länge, Zeitdauer und einer Anzahl weiterer Quantitäten aufgezeigt. Sie besteht aus zwei Schritten: erstens, die Bestimmung eines komparativen Begriffs, der eine nichtmetrische Ordnung festlegt; und zweitens, die Metrisierung dieser Ordnung durch die Einführung numerischer Werte. In den nächsten zwei Abschnitten werden diese beiden Schritte detailliert analysiert. Als Ausgangsbeispiel wählen wir die fundamentale Messung der Masse durch eine Waage[63]. Dieses Verfahren ist nur auf Körper „mittlerer" Größe anwendbar — B_1 sei die Klasse solcher Körper. Die erste, nichtmetrische Stufe der fundamentalen Metrisierung wird in Abschnitt 11 erörtert werden; die Metrisierung der resultierenden Ordnungen wird dann in Abschnitt 12 untersucht[64].

11. Komparative Begriffe und nichtmetrische Ordnungen

Das Aufstellen eines komparativen Begriffs der Masse für die Klasse B_1 mittelgroßer Körper bedeutet, Kriterien zu bestimmen, die für jede zwei Objekte in B_1 festlegen, ob sie dieselbe Masse haben und wenn nicht, welches von ihnen die geringere Masse besitzt. In ähnlichem Sinne wird ein komparativer Begriff der Härte für die Klasse B_2 von Mineralobjekten durch Kriterien festgelegt, die für je zwei Elemente von B_2 bestimmen, ob sie von gleicher Härte sind und wenn nicht, welches von ihnen weniger hart ist. Mittels dieser Kriterien muß es möglich sein, die Elemente eines gegebenen Bereichs in einer Art Reihe anzuordnen, in der ein Objekt einem anderen *vorangeht,* wenn es geringere Masse, Härte usw. als ein anderes Objekt hat, während Objekte von gleicher Masse, Härte usw. miteinander *koinzidieren,* d. h. die gleiche Stelle teilen.

Um nun zu verallgemeinern: ein komparativer Begriff mit dem Anwendungsbereich B wird durch die Angabe von Koinzidenz- und Vorgängerkriterien für die Elemente aus B in Bezug auf das Merkmal, das durch den Begriff wiedergegeben werden soll, eingeführt. Die Koinzidenzrelation K und die Vorgängerrelation V müssen so gewählt werden, daß eine Anordnung der Elemente aus B in einer Quasiordnung erreicht wird, d. h. in der Aufstellung einer Reihe mit der Ausnahme, daß mehrere Elemente in ihr dieselbe Stelle einnehmen können. Dies bedeutet, daß K und V bestimmten Bedingungen genügen müssen, die wir jetzt niederlegen und die eine präzise Definition des Konzepts einer Quasiordnung liefern werden. In den folgenden Formulierungen bedeuten x, y und z irgendwelche Elemente aus B, d. h. jedes der Objekte, auf die der durch K und V charakterisierte komparative Begriff anwendbar ist.

(11.1a) K ist transitiv; d. h. wenn immer x in K zu y und y in K zu z steht, dann steht x in K zu z; oder kurz: $(xKy \cdot yKz) \supset xKz$.
(11.1b) K ist symmetrisch; d. h. wenn immer x in K zu y steht, dann steht y in K zu x; oder kurz: $xKy \supset yKx$.
(11.1c) K ist reflexiv; d. h. jedes Objekt x steht in K zu sich selbst; oder kurz: xKx.
(11.1d) V ist transitiv.
(11.1e) Wenn x in K zu y steht, dann steht x nicht in V zu y; oder kurz: $xKy \supset \sim xVy$. Wenn diese Bedingung erfüllt ist, werden wir sagen: V ist K irreflexiv.
(11.1f) Wenn x nicht in K zu y steht, dann steht x in V zu y oder y steht in V zu x; oder kurz: $xKy (xVy \lor yVx)$. Wenn diese Bedingung erfüllt ist, werden wir sagen: V ist K-zusammenhängend.

Die Notwendigkeit dieser Bedingungen ist intuitiv klar, und sie wird zum gegenwärtigen Zeitpunkt durch Bezug auf den komparativen Begriff der Masse veranschaulicht. Hier wollen wir nur bemerken, daß die letzten beiden Bedingungen zusammen als Bedingung ergeben, daß jegliche zwei Elemente aus B bezüglich des zur Untersuchung stehenden Attributs vergleichbar sein müssen, d. h. sie müssen das Attribut entweder im selben Ausmaß haben, oder ein Element muß es in geringerem Ausmaß haben als das andere Element. Dies klärt noch weiter die Bedeutung der Vorstellung des komparativen Begriffs. Jetzt definieren wir:

(11.2) Zwei Relationen, K und V, legen einen *komparativen Begriff*, oder eine *Quasireihe*, für die Elemente einer Klasse B fest, wenn K in B transitiv, symmetrisch und reflexiv, und V transitiv, K-irreflexiv und K-zusammenhängend ist[65].

Wir kehren nun zu unserem Beispiel zurück. Bei der Formulierung spezifischer Kriterien für diesen Fall werden wir zwei verkürzende Ausdrucksweisen benutzen: von je zwei Objekten, x und y in B_1 werden wir sagen, *überwiegt* y, falls x sich nach unten und y sich nach oben bewegt, wenn die Objekte in die beiden Waagschalen einer Waage in einem Vakuum gesetzt werden; und wir werden sagen, x *wiegt* y *auf*, wenn unter den beschriebenen Bedingungen die Waage im Gleichgewicht bleibt.

Eine Quasiordnung für die Elemente von B, ihrer zunehmenden Masse gemäß, kann jetzt durch die folgenden Festsetzungen bestimmt werden, in denen von x, y, z immer vorausgesetzt wird, daß sie zu B_1 gehören:

(11.3a) x koinzidiert mit y, oder y hat die gleiche Masse wie y, dann und nur dann, wenn x entweder mit y identisch ist oder y aufwiegt.

(11.3b) x geht y voran, oder y hat weniger Masse als y, dann und nur dann, wenn y x überwiegt.

Die beiden so definierten Relationen erfüllen die Bedingungen für Quasiordnungen: Koinzidenz ist reflexiv und symmetrisch als Konsequenz der Definition (11.3a); in ähnlicher Weise ist Vorangehen K-irreflexiv als Konsequenz unserer Definitionen. Die Erfüllung der verbleibenden Bedingungen ist eine Erfahrungstatsache. So sind z. B. die zwei Relationen auf Grund allgemeiner Gesetze transitiv: wann immer ein Körper x y überwiegt und y x überwiegt, überwiegt x z und analog für die Koinzidenz darstellende Relation. Diese beiden allgemeinen Sätze folgen nicht einfach aus unseren Definitionen. Tatsächlich gilt die zweite von ihnen nur unter gewissen Einschränkungen, die von solchen Faktoren wie die Sensitivität der verwendeten Waage auferlegt werden[66].

Die in (11.3) aufgestellten Kriterien legen folglich eine nichtmetrische Ordnung fest. Sie setzen uns in den Stand, je zwei Objekte in B_1 bezüglich ihrer Masse zu vergleichen. Sie ordnen den individuellen Elementen von B_1 keine numerischen Werte als Maße ihrer Massen zu.

In der Mineralogie ist ein komparativer Begriff der Härte mittels des Ritztests definiert: Mineral x wird härter als ein anderes Mineral y genannt, wenn eine scharfe

Kante von x die weiche Oberfläche von y ritzt; x und y werden als gleich hart bezeichnet, wenn keines von beiden das andere ritzt. Diese Kriterien sind jedoch nicht völlig adäquat für die Festlegung einer Quasireihe, denn die Relation des Ritzens ist nicht strikt transitiv[67].

Die Rangordnungen, die in den Anfangsstadien des Ordnens der Begriffsbildung in Psychologie und Soziologie eine gewisse Rolle spielen, besitzen ebenfalls nichtmetrischen Charakter. Eine Anzahl von Objekten – häufig Personen – werden mittels eines Kriteriums geordnet, das einfach die intuitive Beurteilung eines oder mehrerer Beobachter sein kann. Die Abfolge, in der die gegebenen Objekte – n dieser Objekte seien gegeben – durch das Kriterium angeordnet werden, wird durch die Zuordnung der ganzen Zahlen von 1 bis n aufgezeigt. Jede andere monoton zunehmende Abfolge von Zahlen – gleichgültig, ob ganze Zahlen oder nicht – würde demselben Zweck dienen, da die so zugeordneten Rangzahlen lediglich die Funktion ordinaler Zahlen, nicht von Maßen haben. Der rein ordinale Charakter der Einordnung wird auch durch die Tatsache gezeigt, daß der einem Objekt zugeordnete Rang nicht nur von diesem Objekt abhängen wird, sondern auch von der Gruppe, in deren Rahmen es eingeordnet wird. So wird z. B. die einem Schüler bei einer Rangordnung seiner Klasse in Bezug auf Größe zugeordnete Zahl von den anderen Klassenmitgliedern abhängen – eine Zahl, die seine eigene Größe als Maß darstellt, wird davon nicht abhängen. Der Zwang, die Rangzahlen zu ändern, wenn ein neues Element zu der Gruppe hinzugefügt wird, wird manchmal durch den Einbau von gebrochenen Rangzahlen zwischen die ganzzahligen vermieden. So sind z. B. in der Härteskala von Mohs bestimmten Standardmineralien ganze Zahlen von 1 bis 10 in der Weise zugeordnet, daß eine größere Zahl größere Härte im Sinne des Ritztests anzeigt. Dieser Test setzt Blei zwischen die Standardmineralien Talk, mit Härte 1, und Gips, mit Härte 2; anstatt Blei die Rangzahl 2 zuzuordnen und die Zahlen aller härteren Standardmineralien um 1 zu erhöhen, wird Blei die Härte 1,5 zugeordnet. Allgemein gesprochen wird einer Substanz, die der Ritztest zwischen zwei Standardmineralien stellt, das arithmetische Mittel der benachbarten ganzzahligen Werte zugeordnet. Diese Methode ist nicht perfekt, da sie dieselbe Zahl zu Substanzen zuordnen kann, die dem Ritztest entsprechend sich in ihrer Härte unterscheiden. In ähnlicher Weise sind in Sheldons Typologie des Körperbaus und des Temperaments[68] Positionen, die zwischen den durch die ganzzahligen Werte 1, 2, ..., 7 markierten Positionen in jeder der drei typologischen Komponenten liegen, durch sogenannte halbe Zahlen angezeigt, d. h. durch die Hinzufügung von $\frac{1}{2}$ zur kleineren ganzen Zahl.

Wenn die intuitive Beurteilung einiger „qualifizierter" Beobachter als Kriterium zum Vergleich unterschiedlicher Individuen in Bezug auf ein psychologisches Merkmal benutzt wird, dann spielen solche Beobachter eine Rolle analog zu der der Waage in der Definition des komparativen Konzepts der Masse. Der Gebrauch menschlicher Vergleichsinstrumente hat jedoch verschiedene Nachteile gegenüber dem Gebrauch nichtorganismischer Vorrichtungen wie Skala, Meßleiste, Thermometer usw.: Übereinstimmung zwischen verschiedenen Beobachtern ist oft weit davon entfernt, vollkommen zu sein, so daß die „Meßleiste", die von einem Beobachter geliefert wird, nicht noch einmal geliefert werden kann. Davon abgesehen, kann sogar ein und derselbe Beobachter inkonsistente Reaktionen zeigen. Zusätzlich scheint es so, daß die meisten der unter Bezug auf die Reaktionen menschlicher Instrumente definierten Begriffe von sehr begrenzter theoretischer Bedeutung sind – sie bewirken keine präzisen und umfassenden Verallgemeinerungen.

12. Fundamentale Metrisierung

In diesem Abschnitt werden wir zuerst die fundamentale Metrisierung untersuchen, wie man sie in der Physik gebraucht. Wieder dient das Konzept der Masse als Beispiel. Danach werden alternative Typen der fundamentalen Metrisierung kurz betrachtet.

Fundamentale Metrisierung in der Physik wird durch die Formulierung einer Quasireihe erreicht und durch die anschließende Metrisierung dieser Ordnung mittels eines besonderen Verfahrens, das gleich erklärt werden wird. Was wir unter Metrisierung einer Quasireihe verstehen, wird in der folgenden Definition festgelegt:

(12.1)   K und V seien zwei Relationen, die eine Quasiordnung für eine Klasse B bestimmen. Wir werden sagen, daß diese Ordnung metrisiert ist, wenn Kriterien angegeben worden sind, die jedem Element x aus B genau eine reelle Zahl $s(x)$ in der Weise zuordnen, daß die folgenden Bedingungen für alle x, y aus B erfüllt sind:

(12.1a)   Wenn xKy, dann $s(x) = s(y)$.
(12.1b)   Wenn xVy, dann $s(x) < s(y)$.

Von jeder Funktion s, die zu jedem Element x aus B genau einen reellen Zahlenwert $s(x)$ zuordnet, sagt man, daß sie ein *quantitatives* oder *metrisches Konzept,* oder kurz, eine *Quantität* (mit dem Anwendungsbereich B) konstituiert; und wenn s die gerade entwickelten Bedingungen erfüllt, werden wir sagen, daß sie mit der gegebenen Quasireihe *in Einklang steht.* Es folgt in Hinsicht auf (11.2) leicht: wenn s die Bedingungen (12.1a) und (12.1b) erfüllt, dann erfüllt sie auch ihre Umkehrungen, d. h.

(12.1c)   Wenn $s(x) = s(y)$, dann xKy
(12.1d)   Wenn $s(x) < s(y)$, dann xVy.

In der fundamentalen Metrisierung der Masse kann ein metrischer Begriff, der mit dem in (11.3) spezifizierten komparativen Begriff in Einklang steht, durch die folgenden Festsetzungen eingeführt werden, in denen „m(x)" für „die Masse des Objekts x in Gramm" steht:

(12.2a)   Wenn x y aufwiegt, dann sei $m(x) = m(y)$.
(12.2b)   Wenn ein physikalischer Körper z aus zwei Körpern x und y besteht, die nichts gemeinsam haben und zusammen z ausschöpfen, dann muß der m-Wert von z die Summe der m-Werte von x und y sein. Unter den spezi-

fizierten Bedingungen sei z ein *Verbund* von x und y und sei durch die Schreibweise z = xjy symbolisiert. Jetzt kann unsere Festsetzung folgendermaßen ausgedrückt werden: m(xjy) = m(x) + m(y).

(12.2c) Ein besonderes Objekt k, das Internationale Ur-Kilogramm, soll als Standard dienen und ihm soll der m-Wert 1000 zugeordnet werden, d.h. m(k) = 1000.

Jetzt hat durch (12.2a) jedes Objekt, das das Standard-k aufwiegt, den m-Wert 1000; durch (12.2b) hat jedes Objekt, das eine Gesamtheit von n solcher „Nachbildungen" von k aufwiegt, einen m-Wert von 1000 n; jedes von zwei Objekten, die einander aufwiegen und zusammen k aufwiegen, hat den m-Wert 500; usw. Auf diese Weise ist es möglich — in den durch die Empfindlichkeit von Waagen gesetzten Grenzen — ganzzahligen und gebrochenen Vielfältigen des dem Standard-k zugeordneten m-Wertes 1000 eine „operationale Interpretation" zu geben. Wegen der begrenzten Sensitivität von Waagen reichen die so interpretierten rationalen Werte aus, einen Wert der Masse m(x) zu jedem Objekt x im Bereich B_1 zuzuordnen — folglich ist das Ziel einer fundamentalen Metrisierung der Masse erreicht worden[69]. Es sei noch bemerkt, daß die Bedingungen (12.1a) und (12.1b) beide erfüllt sind. Erstere wird durch die Festsetzung (12.2a) durchgesetzt, während die Validität der letzteren ein physikalisches Gesetz widerspiegelt: wenn x y im Sinne von (11.3b) vorangeht, d. h. wenn y x überwiegt, dann kann y als physikalische Tatsache durch eine Kombination von x mit einem geeigneten zusätzlichen Objekt z aufgewogen werden. Aber dann folgt auf Grund von (12.2b): m(y) = m(x) + m(z); daher[70] m(x) < m(y).

Die fundamentale Metrisierung bestimmter anderer Größen, wie Länge und elektrischer Widerstand, zeigt dieselbe logische Struktur: eine Quasiordnung für den fraglichen Bereich B wird mittels zweier zweckdienlich gewählter Relationen, V und K, definiert und diese Ordnung wird dann metrisiert. Die entscheidende Phase bei der Bestimmung einer skalaren Funktion s, die mit der gegebenen Quasireihe in Einklang steht, besteht in jedem solcher Fälle fundamentaler Metrisierung in der Auswahl eines spezifischen Modus für die Kombination irgendwelcher zwei Objekte aus B zu einem neuen Objekt, das ebenfalls zu B gehört, und zusätzlich in der Festsetzung, daß der s-Wert der Kombination von x und y immer die Summe der s-Werte der Komponenten sein soll.

Für eine etwas genauere Analyse dieses Prozesses wollen wir als ein nichtspezifisches Symbol für jeden solchen Kombinationsmodus einen kleinen Kreis wählen (anstatt des häufig benutzten Pluszeichens, das Verwirrung stiften könnte). So wird „x ○ y" das Objekt designieren, das man durch die in bestimmter Weise vollzogene Kombination der Objekte x und y erhält. Der besondere Modus der Kombination ist von Fall zu Fall verschieden; in der fundamentalen Metrisierung der Masse z. B. ist es die Operation j zur Formung eines Objekts, xjy, das x und y als seine Teile hat. Dies kann insbesondere durch den Verbund von x und y oder durch ihre Zusammenlegung getan werden. In der fundamentalen Messung der Länge besteht der Grundmodus der Kombination im Legen von Intervallen, die auf festen Körpern entlang einer Gerade von einem Ende zum anderen markiert werden.

Wir stellen jetzt die Festsetzungen auf, durch die in der fundamentalen physikalischen Metrisierung eine durch zwei Relationen K und V bestimmte Quasireihe mit Hilfe eines Kombinationsmodus ○ metrisiert wird; wieder sollen x und y irgendwelche Elemente aus B sein.

(12.3a) Wenn xKy, dann s(x) = s(y)
(12.3b) s(x ○ y) = s(x) + s(y)
(12.3c) Ein spezielles Element aus B, sagen wir b, ist als Standard gewählt und bekommt eine positive rationale Zahl r als seinen s-Wert zugeordnet: s(b) = r.

Um ein anderes Beispiel des dritten Punktes zu geben: in der fundamentalen Messung der Länge in Zentimetern ist b der Abstand, der durch zwei Markierungszeichen auf dem Internationalen Ur-Meter bestimmt wird; r ist als 100 gewählt.

Genau so wie die Relationen K und V spezifischen Regeln genügen müssen, wenn sie eine Quasireihe bestimmen sollen, muß auch die Operation ○, zusammen mit K und V, bestimmte Bedingungen erfüllen, wenn die durch (12.3) bestimmte Zuordnung von s-Werten unzweideutig und in Übereinstimmung mit den in (12.1) niedergelegten Standards sein soll. Wir werden diese Bedingungen *extensive Maßprinzipien* nennen. Sie fordern, daß die Operation ○ zusammen mit den Relationen K und V einer Menge von Regeln gehorchen, die analog zu bestimmten Gesetzen sind, die durch die arithmetische Operation +, zusammen mit den arithmetischen Relationen = und < (kleiner als) unter positiven Zahlen erfüllt werden. Man betrachte ein besonderes Beispiel: auf Grund von (12.3b) haben wir s(x○y) = s(x) + s(y) und s(y○x) = s(y) + s(x); daher haben wir, auf Grund des kommutativen Gesetzes der Addition, das bestimmt, daß a + b = b + a, folglich s(s○y) = s(y○x). Wenn (12.1c) behauptet werden soll, müssen wir daher fordern, daß für jedes x und y in B

(12.4a) x○y K y○x.

Dies ist dann eines der extensiven Maßprinzipien. Wegen ihrer strikten Analogie zum kommutativen Gesetz der Addition, werden wir sagen, (12.4a) erfordert, daß die Operation ○ kommutativ bezüglich K sein soll.

In ähnlicher Weise werden die folgenden weiteren extensiven Maßprinzipien als notwendig anzusehen sein[71]. (Sie werden als für jegliche Elemente x, y, z ..., aus B geltend begriffen. Das Hufeisen symbolisiert wieder das Konditional, d. h. „... ⊃ —" bedeutet „wenn ... dann —"; der Punkt dient als Konjunktionszeichen und steht daher für „und"; schließlich soll der Existenzquantifikator „(Ez)" gelesen werden als „es gibt eine Sache z [in B] derart, daß ...")

(12.4b)   x○(y○z) K (x○y) ○z (○ muß assoziativ bezüglich K sein)
(12.4c)   (xKy · uKv) ⊃ x○u J y○v
(12.4d)   (xKy · uVv) ⊃ x○u V y○v
(12.4e)   (xVy · uVv) ⊃ x○u V y○v
(12.4f)   xKy ⊃ xVy○z
(12.4g)   xVy ⊃ (Ez) (yKx○z)

Die arithmetischen Analoga dieser Prinzipien können durch das Ersetzen von „O", „K", „V" durch entsprechend „+", „=", „<" gewonnen werden. Die resultierenden Formeln sind, wie man leicht sieht, für alle positiven Zahlen wahr. Prinzip (12.4f) dient zum Ausschluß dessen, was man Null-Elemente nennen könnte (im Fall der Masse z. B. wäre ein Null-Element ein Körper, dessen Kombination mit einem anderen Körper kein Objekt hervorbringt, das eine größere Masse besitzt als der letztere hat). Obgleich solche Elemente oft für theoretische Zwecke nützlich sind, würde doch ihre Zulassung auf der Ebene der fundamentalen Metrisierung Komplikationen mit sich bringen.

Die bisher niedergelegten Prinzipien sind hinreichend, um sicherzustellen, daß die Festsetzungen (12.3) nicht mehr als einen s-Wert zu irgendeinem Element von B zuordnen und daß die so zugeordneten s-Werte die Bedingungen (12.1a) und (12.1b) erfüllen. Sie sind jedoch nicht hinreichend, zu garantieren, daß die Festsetzungen (12.3) einen s-Wert zu jedem Objekt in B zuordnen. Wenn z. B. B keine zwei Elemente, die gegenseitig in K stehen, enthalten sollte, dann würde offensichtlich das in (12.3) angegebene Verfahren der fundamentalen Metrisierung einen s-Wert zu keinem anderen Element von B als zu dem als Standard gewählten zuordnen. Die Art einer weiteren Bedingung, die O, K und V erfüllen müssen, wird durch den Umstand nahegelegt, daß fundamentale Metrisierung ausschließlich rationale s-Werte bewirkt. Wir wollen diesen Punkt etwas deutlicher formulieren:

(12.5) Die Zuordnung eines s-Wertes durch die Regeln (12.3) zu einem Objekt x in B basiert auf dem Finden einer bestimmten Anzahl n von anderen Objekten $y_1, y_2, \ldots, y_n$ in B derart daß

(12.5a) jede zwei der y's in K zueinander stehen

(12.5b) ein Verbund einer geeigneten Zahl der y's – sagen wir: m – mittels der Operation O ein Objekt liefert, das in K zum Standard b steht

(12.5c) durch Verbund einer geeigneten Zahl der y's – sagen wir: k – es möglich ist, ein Objekt zu erhalten, das in K zu x steht.

Wenn diese Bedingungen für ein gegebenes Objekt x erfüllt sind, dann liefern die Festsetzungen (12.3) s(x) = (k · r)/m, und dies ist eine rationale Zahl. (Dadurch, daß eine Zählung der Zahl der intermediären Standards, dargestellt durch die y's, die den Standard b, bzw. das Objekt x, „ausmachen", erfordert wird, kann man sagen, daß der hier betrachtete Typ der fundamentalen Metrisierung letztlich auf den Prozeß des Zählens zurückgeführt wird.)

Wenn es für ein gegebenes Objekt x in B eine Menge intermediärer Standardobjekte $y_1, y_2, \ldots, y_n$ gibt, die die unter (12.5) aufgeführten Bedingungen erfüllen, dann werden wir sagen, daß x mit b in B *kommensurabel* ist auf der Grundlage von K und O. Wenn x nicht mit b so kommensurabel ist, dann ordnen die Regeln der fundamentalen Metrisierung ihm überhaupt keinen s-Wert zu. Um daher die in (12.1) geforderte Zuordnung eines s-Wertes zu jedem x in B sicherzustellen, müßten wir die Prinzipien (12.4) durch den folgenden Zusatz ergänzen:

(12.6) *Prinzip der Kommensurabilität:* Jedes x aus B ist auf der Grundlage von K und O mit b kommensurabel.

Die Grenzen des Unterscheidungsvermögens in der Beobachtung schließen die Möglichkeit aus, daß man dieses Prinzip in der fundamentalen Metrisierung physikalischer Quantitäten jemals verletzt finden wird. Nichtsdestoweniger sprechen theoretische Erwägungen stark gegen seine Akzeptierung. Denn es schränkt die möglichen Werte solcher Quantitäten auf rationale Zahlen ein, während es doch von großer Bedeutung für die physikalische Theorie ist, daß auch irrationale Werte zugelassen werden. Wir werden auf dieses Problem im nächsten Abschnitt zurückkommen.

Prinzip (12.6) ist daher unvereinbar mit der physikalischen Theorie und muß aufgegeben werden. Dies hat jedoch die Konsequenz, daß die hier betrachteten Festsetzungen für fundamentale Metrisierung nicht die Zuordnung eines s-Wertes zu jedem Element von B garantieren und daher nicht eine volle Definition der Quantität s liefern. Vielmehr müssen sie als eine partielle Interpretation[72] unter Bezug auf Observable des Ausdrucks „s(x)" gesehen werden, der selbst den Rang eines theoretischen Konstrukts besitzt. Durch dieses Ergebnis bestätigt und erweitert unsere Diskussion die in Abschnitt 7 dargelegten Gedanken. Sie macht ebenfalls deutlich, daß selbst die fundamentale Metrisierung physikalischer Quantitäten die Erfüllung verschiedener allgemeiner Prinzipien erfordert, nämlich die der Quasiordnung und die der extensiven Maßprinzipien. Und während in Abhängigkeit der besonderen Wahl von B, K, V, O und b einige dieser Prinzipien einfach kraft Definition wahr sein können, werden andere den Charakter empirischer Gesetze haben. Daher ist fundamentale Metrisierung nicht einfach eine Sache der Formulierung bestimmter Verfahrensregeln, sondern muß Hand in Hand mit der Bestimmung allgemeiner Gesetze und Theorien gehen.

Fundamentale Metrisierung auf der Basis der bisher diskutierten Festsetzungen ist zwar wahrscheinlich der einzige in der Physik benutzte Typ nichtabgeleiteter Metrisierung, jedoch keineswegs der einzige vorstellbare Typ. Die Psychologie hat z. B. Verfahren ganz verschiedenen Charakters zur fundamentalen Metrisierung unterschiedlicher Merkmale entwickelt. Als Beispiel[73] wollen wir kurz eine Methode betrachten, die von S. S. Stevens und seinen Mitarbeitern[74] zur Messung der Tonhöhe entwickelt wurde. Tonhöhe ist eine Eigenschaft von Tönen und muß unterschieden werden von der Frequenz der korrespondierenden Schwingungen in einem physikalischen Medium. Die fragliche Skala wird durch „Fraktionierungs"-Experimente gewonnen, in denen eine Versuchsperson mit einem Paar reiner Töne von fixierter Frequenz konfrontiert wird, und dann den durch sie festgesetzten Tonhöhenabstand in vier Teile aufteilt, die ihr in ihrer Wahrnehmung als gleich erscheinen. Dies geschieht mit Hilfe eines Apparates, der die Produktion reiner Töne jeder Frequenz zwischen den gegebenen Tönen erlaubt. Dieses Experiment wurde mit mehreren Versuchspersonen wiederholt und mit verschiedenen Tonpaaren durchgeführt, deren Frequenzbereiche sich teilweise überschnitten. Die von unterschiedlichen Beobachtern erhaltenen Reaktionen fand man in befriedigender Übereinstimmung; sie setzten sich für unterschiedliche Frequenzabstände zur Bestimmung einer einheitlichen Skala zusammen. Ein bestimmter reiner Ton wurde dann als Standard ausgewählt, ihm wurde der willkürliche Wert von 1,000 mels als Maß seiner Tonhöhe zugeordnet und einem anderen reinen Ton, der die Grenze der Tonhöhenperzeption markiert, wurde die Nulltonhöhe zugewiesen. Durch diese Festsetzungen war es möglich, in einigermaßen unzweideutiger Weise numerische Tonhöhenwerte zu den reinen Tönen mit Frequenzen zwischen 20 und 12000 zuzuordnen.

Das eben beschriebene Verfahren unterscheidet sich deutlich von der vorher analysierten Methode — insbesondere stützt es sich nicht auf einen Kombinationsmodus. Andererseits setzt es keine andere Meßskala voraus (theoretisch nicht einmal die der Frequenz). Es muß daher als fundamentale Metrisierung bezeichnet werden[75].

Es gibt Anzeichen dafür, daß das so bestimmte Maß für Tonhöhe theoretische Bedeutung besitzen könnte: es korreliert mit den Skalen, die durch etwas andere Verfahren erhalten werden (z. B. wenn die Versuchspersonen einen Ton produzieren sollen, der „halb so hoch" wie ein gegebener anderer Ton klingt). Und — was noch wichtiger ist — es gibt Belege, die die Existenz eines physiologischen Gegenstücks zur Tonhöhenskala nahelegen: der Abstand in mels zwischen reinen Tönen scheint proportional zu den linearen Abständen zwischen den Regionen auf der Basilarmembran im Ohrinnern zu sein, die durch solche Töne in starke Schwingungen versetzt werden — eine Beziehung, die nicht zwischen den Frequenzabständen zwischen reinen Tönen und den entsprechenden Basilarbereichen von maximaler Reizung auftritt.

13. Abgeleitete Metrisierung

Unter abgeleiteter Metrisierung verstehen wir die Bestimmung einer metrischen Skala auf Grund von Kriterien, die wenigstens eine vorangehende Meßskala voraussetzen. Es wird hilfreich sein, zwischen abgeleiteter Metrisierung kraft Festsetzung und abgeleiteter Messung kraft Naturgesetz zu unterscheiden.

Die ersterwähnte besteht in der Definition einer „neuen" Quantität mittels anderer, die bereits vorhanden sind — ein Beispiel für sie ist die Definition der Durchschnittsgeschwindigkeit eines Punktes in einer bestimmten Zeitperiode als dem Quotienten der zurückgelegten Entfernung und der Länge der Zeitperiode. Abgeleitete Messung kraft Naturgesetz andererseits führt keine „neue" Quantität ein, sondern vielmehr ein alternatives Verfahren, eine vorher eingeführte Quantität zu messen. Dies wird erreicht durch die Entdeckung eines Gesetzes, das die fragliche Größe als eine mathematische Funktion anderer Quantitäten ausdrückt, für die Methoden der Metrisierung gleichermaßen vorher niedergelegt worden sind. So ermöglichen bestimmte Naturgesetze der Physik Echolotung oder Radarechos zur Messung räumlicher Entfernungen durch die Messung von Zeitabläufen. Andere Beispiele sind die Messung der Höhenlage durch Barometer, der Temperatur mittels Thermoelement und der spezifischen Gravität durch Hydrometer ebenso wie die Benutzung trigonometrischer Methoden in der Astronomie und anderen Disziplinen zur Bestimmung der Entfernungen unzugänglicher Punkte als Funktionen anderer Entfernungen, die direkter Messung zugänglich sind. Diese letzterwähnten Methoden basieren insbesondere auf den Gesetzen physikalischer Geometrie.

Während fundamentale Metrisierung lediglich rationale Werte aufkommen läßt, erfordert ihre Kombination mit allgemeinen Gesetzen und Theorien in der abgeleiteten Metrisierung auch die Zulassung irrationaler Werte. Wenn z. B. direkte Messung für die Seiten eines Quadrats die Länge 10 ergeben hat, so verlangt die Geometrie, daß seiner Diagonale die irrationale Zahl $\sqrt{200}$ als ihrer Länge zugewiesen wird, obwohl fundamentale Metrisierung diese Zuordnung niemals aufstellen oder widerlegen könnte[76]. In ähnlicher Weise erfordert das Gesetz, daß die Periode t eines mathematischen Pendels auf seine Länge 1 durch die Formel $t = 2\pi\sqrt{\frac{1}{g}}$ bezogen ist, irrationale und sogar transzendente Werte für die Perioden von Pendeln, obwohl wiederum fundamentale Metrisierung solch eine Zuordnung weder belegen noch widerlegen kann.

Wie wir gesehen haben, bestimmen die Regel der fundamentalen Metrisierung den Wert einer Quantität nur für Objekte eines bestimmten intermediären Umkreises, von dem wir sagten, daß er einen Bereich B konstituiert. In der fundamentalen Metrisierung der Masse besteht B aus den physikalischen Körpern, die man auf einer Waage wiegen kann — in der fundamentalen Metrisierung der Länge ist B die Klasse aller physikalischen Entfernungen, die mittels einer Meßleiste direkt gemessen werden können. Aber der Gebrauch solcher Terme wie „Masse" und „Länge" in der physikalischen Theorie geht weit über diesen Bereich hinaus: die Physik schreibt der Sonne Masse und der Entfernung zwischen dem Sonnensystem und den Andromedanebeln Länge zu; sie bestimmt die Massen submikroskopischer Partikel und die Wellenlänge von Röntgenstrahlen und keiner dieser Werte ist mittels fundamentaler Metrisierung erhältlich.

Deswegen also definieren die Regeln für die fundamentale Metrisierung einer Quantität s dies s nicht vollständig, d. h. sie bestimmen den Wert von s nicht für jeden möglichen Fall seiner theoretisch sinnvollen Anwendung. Um „s" eine Interpretation außerhalb des ursprünglichen Bereichs B zu geben, ist eine Erweiterung dieser Regeln nötig. Die gleiche Feststellung gilt für viele Quantitäten, für die Regeln indirekter Messung formuliert worden sind, wie z. B. den Begriff der Temperatur, der unter Bezug auf Quecksilber als einer Thermometersubstanz interpretiert wird.

Ein wichtiger Verfahrenstyp zur Regelerweiterung der Metrisierung seiner gegebenen Quantität s besteht in der Kombination der Methoden abgeleiteter Metrisierung kraft Naturgesetz und kraft Festsetzung. Man nehme z. B. an, daß eine Skala zur Temperaturmessung ursprünglich (durch abgeleitete Metrisierung kraft Festsetzung) unter Bezug auf ein Quecksilberthermometer bestimmt ist. Dann ist der Begriff der Temperatur nur für Substanzen interpretiert, die in den Bereich zwischen Siedepunkt und Gefrierpunkt von Quecksilber fallen. Nun ist es ein empirisches Gesetz, daß innerhalb dieses Bereichs die Temperatur eines Gaskörpers unter konstantem Druck als eine spezifische mathematische Funktion f seines Volumens dargestellt werden kann: $T = f(v)$. Dieses Gesetz stellt eine Möglichkeit der indirekten Temperaturmessung einer Substanz mittels eines „Gasthermometers" bereit, d. h. durch Bestimmung des Volumens v, das ein bestimmtes Standardgas unter spezifiziertem Druck annimmt, wenn es mit dieser Substanz in Berührung gebracht wird; die Temperatur wird dann $f(v)$ sein. Offensichtlich stellt die Formel „$T = f(v)$" nur im Bereich des Quecksilberthermometers ein empirisches Gesetz dar, da „T" für andere Fälle keine Interpretation bekommen hat. Aber es ist möglich, ihren Validitätsbereich durch eine Festsetzung zu erweitern, nämlich dadurch, daß die Formel „$T = f(v)$" außerhalb des Bereichs des Quecksilberthermometers als eine Definition – oder besser als eine partielle Interpretation – des Begriffs der Temperatur dienen soll, d. h. daß die Temperatur einer Substanz außerhalb des Bereichs des Quecksilberthermometers dem f(v) gleichzusetzen ist, wobei v das Volumen ist, das ein bestimmtes Standardgas annimmt, wenn es in Berührung mit der Substanz gebracht worden ist. Somit kann das Gasthermometer jetzt für die abgeleitete Messung von Temperatur in einem viel größeren Bereich als in dem vom Quecksilberthermometer umfaßten benutzt werden; innerhalb des letzterwähnten Bereichs stellt der Gebrauch des Gasthermometers indirekte Messung kraft Naturgesetz dar – außerhalb dieses Bereichs indirekte Messung kraft Festsetzung.

Die gleiche Verfahrensart wird für zusätzliche Erweiterungen der Temperaturskala und ebenfalls für die Erweiterungen anderer metrischer Skalen benutzt. So kann man z. B. den Gebrauch trigonometrischer Methoden zur Festlegung bestimmter astronomischer Entfernungen und das Zugrundelegen von Gravitationsphänomenen zur Bestimmung der Massen astronomischer Körper als Erweiterung der Regeln zur fundamentalen Metrisierung von Länge und Masse betrachten. Damit stellen wir aber auch eine indirekte Metrisierung kraft Naturgesetz innerhalb des ursprünglichen Bereichs, bzw. kraft Festsetzung außerhalb dieses Bereichs her.

Es sollte jedoch betont werden, daß diese kurze Darlegung der Interpretation metrischer Terme als Prozeß einer nach und nach stattfindenden Festsetzungserweiterung von empirischen Verallgemeinerungen niederer Ordnung in starkem Maße vereinfacht ist, um deutlich die Grundstruktur des Prozesses hervorzuheben. In der Praxis gelten die empirischen „Gesetze" (wie z. B. „T = f(v)" oben) oft nur annäherungsweise und es können beträchtliche Abweichungen von ihnen auftreten, insbesondere an den Enden der ursprünglichen Skala. In solchen Fällen kann die originale Meßskala für die gegebene Größe insgesamt zugunsten der umfassenderen Skala der indirekten Messung fallen gelassen werden. So fällt z. B. die durch das Gasthermometer bestimmte Temperaturskala näherungsweise, aber nicht genau mit der durch das Quecksilberthermometer in dessen Bereich bestimmten Skala zusammen – man benutzte sie daher zum Ersatz der letzteren und zwar um eine Interpretation des Begriffs der Temperatur zu sichern, die unzweideutig ist und einen weiteren Bereich von Fällen umfaßt. Dort ist der Prozeß jedoch noch nicht zum Stillstand gekommen. Für die Zwecke der theoretischen Physik wurde schließlich eine thermodynamische Temperaturskala eingeführt, die in Verbindung mit anderen Begriffen die Formulierung eines Systems der Thermodynamik erlaubte, das sich durch seine theoretische Aussagekraft und seine formale Einfachheit auszeichnet. Der thermodynamische Begriff der Temperatur hat den Rang eines theoretischen Konstrukts – er wird nicht durch Bezug auf irgendeine besondere Thermometersubstanz, sondern durch hypothetische Formulierung einer Menge allgemeiner, in Form von diesem und einigen anderen Konstrukten abgefaßter Gesetze eingeführt und zusätzlich durch die Ausarbeitung einer partiellen empirischen Interpretation für dieses Konstrukt oder für bestimmte abgeleitete Terme. Die verschiedenen Methoden zur Temperaturmessung mussen als partielle und Näherungsinterpretationen dieses theoretischen Konstrukts betrachtet werden.

In ähnlicher Weise steuern Erwägungen der theoretischen Bedeutung und der systematischen Einfachheit die gestufte Entwicklung der Regeln zur Metrisierung vieler anderer Quantitäten in den fortgeschritteneren Zweigen der empirischen Wissenschaft. Und häufig existiert ein komplexes Wechselspiel zwischen der Entwicklung theoretischer Erkenntnis in einer Disziplin und den Kriterien, die zur Interpretation ihrer metrischen Terme benutzt werden.

So stellt z. B. der Begriff der Zeit, oder der Zeitdauer von Ereignissen, ein theoretisches Konstrukt dar, dessen empirische Interpretation beträchtliche Wandlungen erfahren hat. Im Prinzip könnte jeder periodische Prozeß zur Bestimmung einer Zeitskala gewählt werden – die periodisch wiederholten Elementarphasen des Prozesses würde man als gleich dauernd betrachten und die Zeitdauer eines gegebenen Ereignisses würde, kurz gesagt, durch die Bestimmung der Anzahl aufeinanderfolgender Elementarprozesse, die während des Ereignisses stattfinden, gemessen werden. So könnte man, um ein in Moritz Schlicks Vorlesungen gegebenes Beispiel zu nehmen, den Pulsschlag des Dalai Lama als Standarduhr wählen, aber abgesehen von ihrer enormen technischen Unbequemlichkeit hätte diese Verabredung die Konsequenz, daß die Geschwindigkeit aller physikalischen Prozesse vom Gesundheitszustand des Dalai Lama abhinge. Wann immer er z. B. Fieber hätte und einen, nach üblichen Standards schnellen Puls zeigen würde, dann nähmen solche Ereignisse wie eine Drehung der Erde um ihre Achse oder der Fall eines Steins aus einer gegebenen Höhe mehr Zeiteinheiten in Anspruch – und würden daher als langsamer stattfindend bezeichnet werden – als wenn der Dalai Lama bei guter Gesundheit wäre. Dies würde zwar die Aufstellung bemerkenswerter Gesetze erlauben, die den Gesundheitszustand des Dalai Lama mit allen Ereignissen im Universum verknüpfen würden – und dies bei augenblicklicher Wirkung auf beliebige Entfernung. Aber es schlösse die Möglichkeit aus, irgendwelche Gesetze aufzustellen, die die Einfachheit, Reichweite und den Bestätigungsgrad der Galileischen, Keplerschen und Newtonschen Naturgesetze aufweisen. Die übliche Wahl der täglichen Drehung der Erde um ihre Achse als Standardprozeß empfiehlt sich u. a. deshalb von selbst, weil sie nicht solche außerordentlich unerwünschten Konsequenzen hat und weil sie die Formulierung einer großen Gruppe umfassender und relativ einfacher Gesetze physikalischen Wandels erlaubt. Schließlich erzwingen jedoch gerade diese Gesetze das Aufgeben der täglichen Erdumdrehung als Standardprozeß zur Zeitmessung. Denn sie bringen die Konsequenz mit sich, daß Gezeitenfriktion und auch andere Faktoren diese Umdrehung langsam abbremsen, so daß die Wahl der Erde als Uhr die Geschwindigkeit physikalischer Phänomene vom Alter der Erde abhängig machen würde und somit einen ähnlichen Effekt wie das Basieren auf dem Pulsschlag des Dalai Lama hätte. Diese Überlegung verlangt nach dem Gebrauch anderer Typen von Standardprozessen, wie z. B. elektrisch induzierte Schwingungen eines Quarzkristalls.

Somit stellen die Prinzipien, die Metrisierung von Zeit und Temperatur und ähnlich alle anderen in der physikalischen Theorie erwähnten Größen regeln, komplexe und niemals definitive Modifikationen von zu Beginn „operationalen" Kriterien dar – Modifikationen, die durch das Ziel bestimmt sind, ein theoretisches System zu gewinnen, das formal einfach ist und große prognostische und erklärende Kraft besitzt: hier, wie auch anderswo in der empirischen Wissenschaft gehen Begriffsbildung und Theoriebildung Hand in Hand[77].

14. Additivität und Extensivität

Häufig wird eine Unterscheidung zwischen additiven und nichtadditiven Quantitäten und ähnlich zwischen extensiven und intensiven Merkmalen getroffen[78]. Die Art und Weise, in der verschiedene Autoren diese Begriffspaare entwickeln, konfligieren in gewissem Ausmaß, und einige der dargelegten Kriterien für ihre Explikation beinhalten Schwierigkeiten. Wir werden nun in gedrängter Form unter Bezug auf unsere vorausgegangenen Analysen den offensichtlichen theoretischen Kern solcher Vorstellungen neu zu formulieren suchen.

Die Differenzierung zwischen additiven und nichtadditiven Quantitäten bezieht sich für einen gegebenen quantitativen Begriff auf die Existenz oder Nichtexistenz einer operationalen Interpretation für die numerische Addition der s-Werte zweier unterschiedlicher Objekte. In diesem Sinne wird Länge als additive Quantität bezeichnet, weil die Summe zweier numerischer Längenwerte als die Länge des Intervalls dargestellt werden kann, das man erhält, wenn man zwei Intervalle der gegebenen Längen mit den Enden aneinander in einer Gerade vereinigt. Temperatur wird als nichtadditiv angesehen, weil es keine Operation bei zwei Körpern von gegebenen Temperaturen gibt, die ein Objekt hervorbringen könnte, dessen Temperatur der Summe der beiden Temperaturen gleich ist. Um diesen Gedanken genauer zu formulieren, definieren wir zuerst ein relatives Konzept der Additivität:

(14.1)   Eine Quantität s ist additiv bezüglich einer Kombinationsoperation $\bigcirc$ wenn $s(x \bigcirc y) = s(x) + s(y)$, wann immer x, y und $x \bigcirc y$ zu dem Bereich gehören, innerhalb dessen s definiert ist.

Eine Quantität kann additiv bezüglich eines Kombinationsmodus sein, nichtadditiv bezüglich anderer. So ist z. B. der elektrische Widerstand von Drähten additiv bezüglich ihrer Anordnung in der Reihe, nichtadditiv bezüglich ihrer Anordnung in der Parallele. Das Umgekehrte gilt für den kapazitativen Widerstand von Kondensatoren. Und noch einmal: die Länge von Intervallen, die auf Metalleisten abgetragen wurden, ist additiv bezüglich der Operation, sie mit den Enden aneinander horizontal auf einer Geraden anzuordnen, aber nicht vollkommen additiv, wenn die Leisten vertikal aufeinander in einer Gerade angeordnet werden – in diesem Fall wird die Länge der Kombination etwas weniger als die Summe der Länge der Komponenten betragen. Im vorherrschenden Gebrauch sind die Termen „additiv" und „nichtadditiv" jedoch nicht in Bezug auf einen spezifizierten Kombinationsmodus relativiert, sondern sie dienen zur Qualifikation gegebener Quantitäten als kategorisch entweder additiv oder nichtadditiv. Kann man einem solchen Gebrauch eine befriedigende Explikation geben? Können wir nicht einfach eine Quantität additiv nennen, wenn es *irgendeinen* Kombinationsmodus gibt, bezüglich dessen die Quantität (14.1) erfüllt? Nein – dieses Kriterium würde viele Quantitäten als additiv klassifizieren, die nach allgemeinem Gebrauch als nichtadditiv bezeichnet werden (genau gesprochen, ist unter dieser Regel jede Quantität additiv). So wäre z. B. die Temperatur von Gasen additiv, denn die Bedingungen (14.1) werden durch die Operation der Vermischung zweier Gaskörper und der anschließenden Erhitzung der Mischung, bis ihre Temperatur der Summe der anfänglichen Temperaturen ihrer Komponenten gleich ist, erfüllt. Um der Intention des Additivitätsbegriffs gerecht zu werden, hätten wir solche komplizierten und „künstlichen" Kombinationsmodi wie diesen auszuschließen und auf einfachen und „natürlichen" Modi zu insistieren[79]. Im Lichte unserer früheren Diskussionen müssen diese Qualifikationen nicht im psychologischen Sinne der intuitiven Einfachheit und Bekanntheit, sondern im systematischen Sinne theoretischer Einfachheit und Fruchtbarkeit verstanden werden. Dies legt die folgende Explikation nahe:

(14.2) Eine Quantität ist additiv, wenn es einen Kombinationsmodus ○ gibt, und zwar derart, daß (1) s bezüglich ○ im Sinne von (14.1) additiv ist; (2) ○ zusammen mit s eine einfache und fruchtbare Theorie zur Folge hat.

Wir werden uns nun der Unterscheidung zwischen extensiven und intensiven Merkmalen zu. Sie beabsichtigt, alle Attribute in zwei Gruppen aufzuteilen, wenn sie eine Unterscheidung hinsichtlich eines Mehr oder Weniger erlauben: solche Attribute, die mittels der grundlegenden physikalischen Methode der fundamentalen Metrisierung metrisiert werden können und solche, die nicht metrisiert werden können. Nun bestimmt jedes abstufungsfähige Attribut einen komparativen Begriff im Sinne von Abschnitt 11, und seine Zugänglichkeit für fundamentale Metrisierung erfordert die Existenz eines Kombinationsmodus, für den die extensiven Maßprinzipien erfüllt sind. Wir definieren daher:

(14.3) Ein komparativer Begriff, dargestellt durch zwei Relationen, K und V, die eine Quasireihe innerhalb einer Klasse B bestimmen, ist extensiv bezüglich eines gegebenen Kombinationsmodus ○, wenn die Prinzipien (12.4) alle erfüllt sind.

Aber wieder wird der Term „extensiv" gemeinhin in nichtrelativierter Form gebraucht. Könnten wir diesen Gebrauch dadurch interpretieren, daß wir einen komparativen Begriff extensiv nennen, wenn *irgendein* Kombinationsmodus existiert, bezüglich dessen der Begriff im Sinne von (14.3) extensiv ist? Nein – ebenso wie im Fall der Additivität ist dieses Kriterium zu aussageschwach, denn man kann zeigen, wenn ein komparativer Begriff überhaupt im Sinne von (12.1) metrisiert werden kann – gleichgültig, ob durch Ableitung oder durch die eine oder andere Art der fundamentalen Metrisierung –, daß es dann einen Kombinationsmodus gibt – obwohl möglicherweise ein ziemlich „künstlicher" –, der (14.3) erfüllt. Daher müßte jeder komparative Begriff dieser Arbeit als extensiv bezeichnet werden, was dem üblichen Gebrauch völlig zuwiderläuft. Erwägungen, analog denen, die zu (14.2) führten, legen die folgenden Explikation der Unterscheidung zwischen extensiven und intensiven Merkmalen nahe:

(14.4) Ein komparativer Begriff, dargestellt durch zwei Relationen K und V, die eine Quasireihe innerhalb einer Klasse B bestimmen, ist extensiv (intensiv), wenn es einen (keinen) Kombinationsmodus ○ gibt, derart daß (1) K, V und ○ zusammen die extensiven Maßprinzipien (12.4) erfüllen; (2) ○ zusammen mit K und V eine einfache und fruchtbare Theorie zur Folge haben.

Im Sinne dieser Explikation ist der komparative Begriff der Masse, durch die Festsetzungen (11.3) charakterisiert, extensiv in seinem Anwendungsbereich, da dort ein „einfacher" und „natürlicher" Kombinationsmodus existiert, nämlich die in (12.2b) spezifizierte Operation j, für den die extensiven Maßprinzipien erfüllt sind. Andererseits betrachte man den komparativen Begriff der Härte in seiner Bestimmung durch den Ritztest, der die Ordnungsrelationen „genauso hart wie" und „weniger hart als" festlegt. Kein einfacher und natürlicher Modus zur Kombination von Mineralien ist bekannt, der zusammen mit den zwei Relationen die extensiven Maßprinzipien erfüllt. (Die verbindende Operation j dürfte dazu überhaupt nicht geeignet sein, denn der Verbund zweier verschiedener Mineralobjekte ist in der Regel ein inhomogener Körper, auf den der Ritztest nicht anzuwenden ist.) Härte in ihrer Kennzeichnung durch den Ritztest muß daher als ein intensives Merkmal qualifiziert werden.

Offensichtlich ist ein intensives Merkmal, wie es hier bestimmt wurde, nicht fundamentaler Metrisierung durch Bezug auf einen Kombinationsmodus fähig, der durch einfache theoretische Prinzipien geregelt ist. Aber es kann durchaus einem Alternativtypus der fundamentalen Metrisierung (wie Tonhöhe und viele andere Gegenstände psychophysikalischer Metrisierung) oder der abgeleiteten Metrisierung (wie Dichte, Temperatur, Brechungsindex usw.) zugänglich sein.

Wenn die in diesem Abschnitt vorgeschlagenen Explikationen der theoretischen Absicht beider zu analysierender Begriffspaare gerecht werden, dann folgen daraus einige wenige einfache Konsequenzen, die wir zum Abschluß nun formulieren wollen:

Ob eine gegebene Quantität als additiv oder nichtadditiv qualifiziert ist und, ähnlich, ob einem Attribut Intensivität oder Extensivität zuerkannt wird, dürfte vom verfügbaren theoretischen Wissen abhängen. In der klassischen Mechanik z. B. sind Masse und die Geschwindigkeit gradliniger Bewegung additiv – in der relativistischen Physik sind sie es nicht.

Darüber hinaus existieren keine scharfen Grenzlinien, die extensive von intensiven und additive von nichtadditiven Begriffen trennen. Für die Kriterien, auf denen diese Unterschiede basieren, rufe man sich die Begriffe theoretische Einfachheit und Fruchtbarkeit ins Gedächtnis, die beide sicherlich abstufungsfähig sind.

Und schließlich drückt genau diese Tatsache, daß nämlich Fragen der Einfachheit und der systematischen Bedeutung in die Kriterien zur Unterscheidung eingehen, einmal mehr die beherrschende Problemstellung empirischer Wissenschaft aus: ein Begriffssystem zu entwickeln, das empirische Bedeutung mit theoretischer Signifikanz verbindet.

IV. Theoretische Begriffe und Theoriewandel: Ein Nachwort (1974)

15. Das „Bedeutungsproblem" für theoretische Terme

In den mehr als zwanzig Jahren, die seit dem erstmaligen Erscheinen der vorhergehenden Kapitel dieser Monographie vergangen sind, hat man in der Wissenschaftstheorie viel Mühe darauf verwandt, die Struktur und Funktion wissenschaftlicher Theorien und der sie konstituierenden Begriffe zu klären.

Die am sorgfältigsten ausgearbeitete und für lange Zeit einflußreichste Analyse dieser Probleme ist das sogenannte empiristische Standardmodell für wissenschaftliche Theorien. Es wurde mit gewissen Abwandlungen und individuellen Variationen durch eine Gruppe von Denkern entwickelt, die eine weithin empiristische Auffassung der wissenschaftlichen Methode und Erkenntnis mit einem präzisen logisch-analytischen Ansatz zu philosophischen Problemen verbinden. Ich werde sie analytische Empiristen nennen. Neben Philosophen, die auf direkte oder indirekte Weise mit dem aus dem Wiener Kreis und dem Berliner Reichenbach-Kreis stammenden Logischen Empirismus verbunden sind, muß man dieser Gruppe F. P. Ramsey, N. R. Campbell, R. B. Braithwaite und E. Nagel zurechnen, um nur einige der führenden Vertreter zu nennen[80].

In neuerer Zeit hat eine völlig unterschiedliche und zum Widerspruch reizende Auffassung wissenschaftlichen Theoretisierens große Debatten hervorgerufen und sie hat inzwischen beachtlichen Einfluß in der Wissenschaftstheorie gewonnen.

Diese Auffassung wurde in mehreren Varianten von einer Gruppe von Denkern entwickelt, unter denen der verstorbene N. R. Hanson, P. Feyerabend und T. S. Kuhn die herausragendsten Persönlichkeiten sind[81]. Ihre Ansichten werden stark von historischen und soziologischen Erwägungen beeinflußt und stehen größtenteils dem analytisch-logischen Ansatz des analytischen Empirismus kritisch gegenüber.

In diesem Zusatzkapitel werde ich versuchen, einige grundsätzliche Behauptungen, die diese beiden widerstreitenden Lehren über die Bildung und den Wandel theoretischer Begriffssysteme aufstellen, kurz darzustellen und kritisch einzuschätzen. Diese Diskussion wird keineswegs alle entscheidenden, von den Vertretern der beiden Lager vorgebrachten Ideen behandeln, sondern sie wird sich auf einige grundlegende Fragen beschränken, die theoretische Begriffe betreffen. Ich hoffe damit zur Ergänzung und Weiterentwicklung einiger in den vorhergehenden Kapiteln ausgearbeiteten Gedanken beizutragen.

Gewöhnlich wird eine Theorie in ein Untersuchungsfeld eingeführt, um ein tieferes Verständnis einer Klasse empirischer Phänomene zu erreichen — wie z. B. Planetenbewegungen, Lichtausbreitung oder die Vererbung bestimmter biologischer Merkmale – und zwar empirischer Phänomene, die bereits einigermaßen detailliert erforscht worden sind und von denen man herausgefunden hat, daß ihr Auftreten spezifische Regelmäßigkeiten zeigt, wobei diese Regelmäßigkeiten in Form empirischer Gesetze ausgedrückt werden, wie z. B. die Keplerschen Gesetze, die Gesetze der geometrischen Optik und die Mendelschen Gesetze.

Eine zur Erklärung solcher empirischen Resultate bestimmte Theorie wird üblicherweise bestimmte zugrundeliegende, sogenannte theoretische Entitäten und Prozesse voraussetzen, wie Gravitationskräfte, Wellen in einem Lichtäther oder in einem elektromagnetischen Feld oder die Vererbung und Replikation von Chromosomen und Genen. Diese Entitäten und Prozesse sind, unmittelbar ausgedrückt, der Beobachtung und dem Experiment weniger direkt zugänglich als die Phänomene, die die Theorie erklären soll und man setzt bei ihnen voraus, daß sie von eigenen charakteristischen Gesetzen bestimmt werden: den Gesetzen der Newtonschen Gravitations- und Bewegungstheorie, den grundlegenden Gesetzen der Wellenoptik, bzw. den Grundprinzipien einer geeigneten Form einer genetischen Theorie.

Zur Charakterisierung ihrer theoretischen Entitäten und Prozesse und zur Formulierung der sie bestimmenden Gesetze führt eine Theorie T gewöhnlich bestimmte charakteristische neue Terme ein, die ihr theoretisches Vokabular V_T bilden sollen. Diese müssen von dem hier als anfänglich oder vorgängig verfügbaren Vokabular V_A unterschieden werden, d. h. der Menge all der Terme, die zum Zeitpunkt, wenn T eingeführt wird, bereits in wohlbegründetem wissenschaftlichen Gebrauch sind. Insbesondere dienen die Terme aus V_A zur Beschreibung der empirischen Phänomene, die die Theorie erklären soll. Man darf von ihnen annehmen, daß die Wissenschaftler im jeweiligen Fachgebiet sie zweifelsfrei verstehen und sie mit hoher Konsistenz und intersubjektiver Übereinstimmung benutzen.

Ein Problem, das für den analytischen Empirismus von zentralem Interesse gewesen ist, ergibt sich aus folgender Überlegung: wenn die Sätze einer Theorie der Beschaffenheit nach empirisch sein sollen und wenn sie mittels logischer und mathematischer Ableitung Erklärungen und Prognosen empirischer Phänomene erlauben sollen, dann muß den in ihnen enthaltenen neuen theoretischen Termen klare und spezifische Bedeutungen zugeordnet werden. In welchem Umfang und mit welchen Mitteln leistet eine Theorie das? Wir wollen diese Frage das Bedeutungsproblem für theoretische Terme nennen.

Eine Antwort auf dies Problem wurde vom empiristischen Standardmodell für wissenschaftliche Theorien in Vorschlag gebracht. Die Grundzüge dieses Modells wurden bereits, obwohl natürlich nicht unter dieser Bezeichnung, in Abschnitt VII umrissen. Danach kann man die Gesamtheit der eine Theorie T konstituierenden Sätze als sich aus zwei grundlegenden Satzklassen ergebend und damit von diesen Klassen bestimmt betrachten: eine Menge C der theoretischen Prinzipien und einer Menge R der sogenannten Korrespondenzregeln oder auch Interpretativsätze. Man kann sich C, unmittelbar ausgedrückt, als die Klasse der Sätze vorstellen, die die von der Theorie vorausgesetzten Entitäten und Prozesse charakterisieren und die Gesetze ausdrücken, mit denen diese in Übereinstimmung stehen sollen. Da diese Sätze die theoretischen Terme enthalten, deren Bedeutungen noch erläutert werden sollen, behandelt das empiristische Modell sie einfach als stehende Formeln eines formaltheoretischen Kalküls, der als deduktiv axiomatisiert begriffen wird und in dem die theoretischen Terme die Rolle primitiver Terme oder von Termen spielen, die innerhalb des Kalküls durch die Primitiva definiert sind.

Die Sätze in Klasse R kann man sich unmittelbar als Ausdruck der Verbindungen zwischen den von der Theorie vorausgesetzten Entitäten und Prozessen und den empirischen Phänomenen vorstellen, die die Theorie erklären soll und die in dem vorgängigen Vokabular V_A beschrieben sind. Drückt man es formaler aus, so werden die Sätze von R als Herstellung empirischer Interpretationen für theoretische Ausdrücke betrachtet und zwar durch Verknüpfung der letzteren mit den zweifelsfrei und intersubjektiv verstandenen Termen des vorgängigen Vokabulars V_A.

Dem Standardmodell entsprechend liefern die Korrespondenzregeln eine Antwort zum Bedeutungsproblem für theoretische Ausdrücke: man behauptet, daß mittels dieser Regeln theoretischen Termen wie auch theoretischen Sätzen empirischer Gehalt zugeordnet wird. Einige Vertreter des Standardmodells sind zusätzlich der Ansicht, daß die Postulate des Systems C ebenfalls zur Bestimmung von Bedeutungen der theoretischen Terme beitragen: dieser Auffassung gemäß erfüllen die Postulate die Funktion „impliziter Definitionen" für die theoretischen Primitiva in dem gleichen Sinne wie man manchmal die Axiomatisierung der Euklidischen Geometrie als Konstitution „impliziter Definitionen" für die Primitivterme dieser Theorie versteht[82].

In den folgenden Abschnitten wird diese zweigleisige Antwort zum Bedeutungsproblem kritisch untersucht werden[83]. Zu Beginn möchte ich hervorheben, daß die darzustellenden Argumente unabhängig davon sind, ob man das Bedeutungsproblem auf die Intensionen oder die Extensionen theoretischer Terme erstreckt. Der Begriff der Intension oder des Sinns und die eng verwandten Begriffe der Synonymie und Analytizität sind in den letzten Jahren von einigen Philosophen wegen ihrer hoffnungslosen Verschwommenheit scharf kritisiert worden. Ich teile diese Ansicht heute stärker als zu der Zeit, da ich Anmerkung 21 dieses Buches schrieb. Jedoch werde ich mich mit diesem viel diskutierten Problem hier nicht beschäftigen, sondern werde bestimmte, davon unabhängige Zusatzüberlegungen darlegen. Man darf daher in der folgenden Diskussion die Terme „Bedeutung", „Definition" und „Interpretation" entweder auf Intensionen oder Extensionen und auf die sie bestimmenden Verfahrensweisen beziehen.

16. Interpretation: Grundlage und Form

Die Grundvorstellung der Bedeutungszuordnung durch Interpretativsätze wurde bereits in Kapitel II diskutiert. Dort nahm man an, daß das Vokabular, mittels dessen theoretische Terme interpretiert werden, aus sogenannten Beobachtungstermen besteht. Dabei ging man davon aus, daß solche Terme für Attribute physikalischer Objekte stehen, deren An- oder Abwesenheit im Einzelfall — geeignete Bedingungen vorausgesetzt – von jedem normalen Beobachter durch direkte Beobachtung, ohne theoretische Folgerungen oder Instrumente zu benutzen, verläßlich geprüft werden kann; „blau", „hart", „zusammenfallend mit", „flüssig" wären dafür Beispiele.

Kraft solcher beobachtungsmäßiger Interpretation theoretischer Terme kann man sich vorstellen, daß die letzte empirische Beweislast für oder gegen theoretische Sätze in Form von „Beobachtungssätzen" ausdrückbar wäre, wobei jeder dieser Sätze die An- oder Abwesenheit eines direkt beobachtbaren Merkmals in einem Einzelfall feststellt. Dies würde treffend die Objektivität der Beweislasten für alle theoretischen Behauptungen widerspiegeln – in Anbetracht der vorausgesetzten intersubjektiven Übereinstimmung unter normalen Beobachtern hinsichtlich der Wahrheit oder Falschheit von Beobachtungssätzen. Und eine solche Übereinstimmung würde aus direkter Beobachtung resultieren: keinerlei theoretische Annahmen oder Behauptungen wären von Beobachtungssätzen implizit oder von vornehrein unterstellt. In diesem Sinne würden letztlich alle in der Wissenschaft getroffenen theoretischen Feststellungen auf Grund der verbindenden Korrespondenzregeln auf theoriefreien Daten aus direkter Beobachtung beruhen.

Diese Gedanken liefern eine angenehm einfache Version einer empiristischen Auffassung von wissenschaftlicher Erkenntnis, aber man ist heute zu der Ansicht gelangt, daß die von ihr vorgenommene Unterstellung einer beobachtungsmäßigen Interpretationsbasis für theoretische – und auch für alle anderen – wissenschaftlichen Terme ernstzunehmende Mängel aufweist.

Erstens: Falls die Anwendung eines Beobachtungsterms auf einen Einzelfall einen Beobachtungssatz ergeben soll, der sozusagen ein isoliertes, beobachtbares Faktum ohne irgendeine, andere Fakten betreffende Implikation feststellt, dann gibt es keine Beobachtungsprädikate. Man betrachte solche angeblichen Beobachtungsfeststellungen wie die, daß das Becherglas eine Flüssigkeit enthält, daß ein Apfel auf dem Tisch liegt oder daß die Nadel dieses Instruments die Marke „5" auf der Skala deckt. Jede dieser Feststellungen beinhaltet weitere Implikationen: daß die Oberfläche der Flüssigkeit kleine Wellen zeigen wird, wenn man das Glas schüttelt, daß die Flüssigkeit herausfließen wird, wenn man das Becherglas umkippt usw.; daß das Objekt auf dem Tisch leichter als ein Stein gleicher Größe ist, daß man es mit einem Messer schneiden kann, daß es innen weich ist und ein charakteristisches Aroma ausströmt usw.; daß die Instrumentennadel und die Skalenmarkierung nicht zusammenzufallen scheinen, wenn man sie von einer anderen Ausgangsposition aus betrachtet. Ebenso wie theoretische Terme haben daher „Beobachtungs"-Terme, in denen im hier diskutierten Zusammenhang die Beweisdaten für wissenschaftliche Behauptungen formuliert sind, die Funktion von Knoten in einem Netzwerk gesetzesähnlicher oder nomischer Verbindungen. Aus diesen und ähnlichen Gründen haben Autoren wie Hanson und Feyerabend hervorgehoben, daß sogar vermeintliche Beobachtungsterme in der Wissenschaft „theoriebelastet" sind.

Eine zweite Schwierigkeit mit dem Begriff des Beobachtungsprädikats besteht in folgendem: welche Prädikate eine Beobachtergruppe auf Einzelfälle anzuwenden fähig ist, und zwar mit hoher intersubjektiver Übereinstimmung und ohne auf theoretische Folgerungen zurückzugreifen, hängt nicht allein vom Sinnesapparat ab, den sie als Mitglieder des Species *homo sapiens* gemeinsam haben, sondern auch ganz entscheidend von ihrer sprachlichen und wissenschaftlichen Ausbildung. Beobachter mit einem gewissen Maß an wissenschaftlicher Ausbildung können z. B. auf den ersten Blick und ohne bewußtes Schließen einen Blitz als starke elektrische Entladung oder ein Metallstück als Wärmeleiter beschreiben. So können für solche Beobachter die fraglichen Terme die Rolle von Beobachtungstermen spielen, selbst wenn sie ursprünglich im Zusammenhang einer Theorie eingeführt wurden.

Tatsächlich beschreibt man den experimentellen oder beobachtungsmäßigen Nachweis für eine Theorie wie auch die von der Theorie zu erklärenden Phänomene nicht unter Zuhilfenahme von Termen, die in dem von „fest", „blau", „zusammenfallend mit" usw. illustrierten engen Sinne beobachtungsmäßig sind, sondern viel eher durch Terme, die im Zusammenhang einer vorgängigen Theorie eingeführt wurden und inzwischen mit großer Präzision und intersubjektiver Übereinstimmung von Forschern im jeweiligen Gebiet benutzt werden. So werden z. B. Behauptungen über die Fluchtgeschwindigkeit weit entfernter astronomischer Objekte oft durch die Bestimmung gemessener Rotverschiebungen der charakteristischen Linien in den Spektren solcher Objekte unterstützt, wobei man die Bestimmung durch die betreffenden Wellenlängen ausdrückt. Die bei der Formulierung eines solchen Nachweises benutzten Terme sind ganz deutlich nicht im engen Sinne beobachtungsmäßig. Aber ihr Gebrauch wurzelt in vorgängigen Theorien, die gut fundiert sind und die mit einem hohen Grad an intersubjektiver Übereinstimmung verstanden und angewendet werden. Daher können sie der wissenschaftlichen Objektivität nicht weniger gut als das in früheren empiristischen Analysen unterstellte Beobachtungsvokabular dienen.

Aus diesen Gründen besteht in meiner Darstellung die Interpretationsbasis für einen theoretischen Kalkül in diesem Kapitel aus einem „vorgängig verfügbaren Vokabular" V_A anstatt aus einer Menge von Beobachtungstermen.

Wir wollen nun als nächstes kurz betrachten, inwieweit man von den Korrespondenzregeln annehmen kann, daß sie die theoretischen Terme vollständig interpretieren. In Kapitel II habe ich argumentiert, daß im allgemeinen die Interpretation nicht auf eine vollständige Definition hinausläuft, die notwendige und hinreichende Bedingungen der Anwendung für theoretische Terme festlegt. Die von mir dort dargelegten Argumente schlossen jedoch die jetzt aufgegebene Annahme ein, daß das Interpretationsvokabular aus Beobachtungstermen im von uns betrachteten engen Sinne bestehe. Ebenso unterstellte das Argument über die Undefinierbarkeit qualitativer Terme stillschweigend, daß das für die Formulierung von Interpretativsätzen verfügbare logische Instrumentarium ziemlich begrenzt war. Werden aber diese Annahmen in bestimmter einleuchtender Weise gelockert, dann gelten die früheren Argumente nicht länger[84].

Aber anstatt in weitere Details zu gehen, möchte ich hier lieber eine allgemeinere Überlegung anschließen. Ob ein Term U mittels einer Menge anderer Terme $A_1, A_2, \ldots, A_n$ explizit definiert werden kann, hängt davon ab, wie die fraglichen Terme verstanden werden. Kann „Sohn von" mittels „männlich" und „Abkömmling von" definiert werden? Ja, wenn „Sohn von" im biologischen Sinne verstanden wird; nein, wenn man es im rechtlichen Sinne versteht, der Adoptivsöhne miteinbegreift. Wir wollen annehmen, daß die Weise, in der die gegebenen Terme verstanden werden, durch Bestimmung einer „Bezugsmenge" M von Sätzen angezeigt wird, die in U, $A_1, A_2, \ldots, A_n$ ausgedrückt sind und die über die korrespondierenden Begriffe und ihre Verbindungen untereinander getroffenen Annahmen formulieren. Dann können wir sagen, daß U hinsichtlich der Bezugsmenge M durch $A_1, A_2, \ldots, A_n$ explizit definierbar ist, wenn M einen Satz logisch impliziert, der für U eine notwendige und hinreichende Bedingung in Form von $A_1, A_2, \ldots, A_n$ [85] ausdrückt. Ein Beispiel: M_1 sei die Menge, die aus den Sätzen (11.1b), (11.1e) und (11.1f) von Abschnitt 11 besteht. Man kann leicht zeigen, daß M_1 logisch den folgenden Satz impliziert:

> x steht in K zu y dann und nur dann, wenn x nicht in V zu y und y nicht in V zu x steht.

Dieser Satz drückt eine notwendige und hinreichende Bedingung für K durch V aus; daher ist bezüglich M_1 das Prädikat „K" mittels des Prädikats „V" definierbar.

In dem hier interessierenden Fall, wo U ein theoretischer Term einer Theorie T ist und $A_1, A_2, \ldots, A_n$ vorgängige Terme sind, würde die relevante Bezugsmenge M die theoretischen Prinzipien C und die Korrespondenzregeln R von T beinhalten, denn diese bestimmen im Kontext der gegebenen Theorie getroffene Annahmen über die betreffenden Begriffe; zusätzlich hätte M eine Menge B von Sätzen zu enthalten, welche all diejenigen Annahmen ausdrücken, die über die durch $A_1, A_2, \ldots, A_n$ verkörperten Attribute getroffen wurden. Wenn z. B. das Prädikat „kürzer als" einer der vorgängigen Termen ist und wenn man unterstellt, daß die korrespondierende Relation transitiv und irreflexiv ist, wären Sätze dafür in B und daher auch in M enthalten. Oder wenn das vorgängige Vokabular im Kontext vorheriger Theorien eingeführte Terme enthält: – z. B. optische Terme zur Charakterisierung der Spektren von Sternen, deren Geschwindigkeiten durch Rotverschiebungen gemessen werden sollen – dann müssen die Prinzipien solcher früheren Theorien insoweit in B einbezogen werden, als sie für die Anwendungen der gegebenen Theorie T unterstellt werden.

In diesem präzisen Modell läuft die Frage nach der Definierbarkeit eines gegebenen theoretischen Terms U von T darauf hinaus, ob die Bezugsmenge M einen Satz impliziert, der mittels des vorgängigen Vokabulars V_A eine notwendige und hinreichende Bedingung der Anwendung für U ausdrückt.

Eine definitive Antwort auf die so entworfene Frage setzt voraus, daß die Mengen C, R und B, die zusammen M ausmachen, präzise bestimmt sind. Die üblichen Weisen, Theorien zu formulieren, geben keine klare Spezifizierung von C und R, und eine explizite Formulierung von B ist eine sogar noch schwierigere und problematischere Aufgabe. Daher ist die Bestimmung einer genau begrenzten Bezugsklasse M für eine wissenschaftliche Theorie Gegenstand für eine verständige Explikation. Eine ernstzunehmende wissenschaftliche Theorie einmal vorausgesetzt, ist es aber doch offensichtlich ziemlich klar, daß im Grunde genommen all deren theoretische Terme unter irgendeiner einigermaßen plausiblen Explikation von M undefinierbar sind. Man kann deshalb normalerweise nicht davon ausgehen, daß Interpretativsätze vollständige Definitionen theoretischer Terme liefern.

Es ist wohl wahrscheinlicher, daß eine Theorie einige „Interpretativsätze" enthalten wird, die die Form von Definitionen für bestimmte vorgängige Terme mittels theoretischer Terme besitzen. So liefert z. B. die kinetische Gastheorie eine Definition der

Temperatur eines Gases durch Bezug auf den Mittelwert der kinetischen Energie seiner Moleküle, und die chemische Theorie ermöglicht es dann, solche vorgängigen Terme wie „Eisen", „Wasser", „Chlorophyll" hinsichtlich atomarer oder molekularer Strukturen zu definieren, die in theoretischen Termen bestimmt sind. Aber man ist nicht berechtigt, anzunehmen, daß die Interpretativsätze einer Theorie alle diesem besonderen Typ entsprechen. Einige von ihnen könnten die Form der in Abschnitt 6 diskutierten Reduktionssätze besitzen oder aber auch Ketten solcher Sätze sein.

Es gibt aber keinen guten Grund, die logische Form von Interpretativsätzen in irgendeinem besonderen Maße einzuschränken. Will man dem empiristischen Standardmodell maximale Flexibilität verleihen, so ist es offenbar ratsam, an die Menge R der Interpretativsätze für einen theoretischen Kalkül C nur die Anforderung zu richten, daß R, wenn man es mit C zusammenfaßt, in V_A ausdrückbaren empirischen Gehalt liefern muß. Diesen Gedanken kann man etwas klarer ausdrücken, indem man sagt, daß eine Menge von Sätzen R ein „Interpretativsystem" für C bildet, wenn (1) alle in R auftretenden extralogischen Terme zu V_T oder V_A gehören; (2) R logisch mit C kompatibel ist; (3) C und R zusammen logisch Sätze implizieren, die durch V_A ausdrückbar sind und die nicht von C oder R allein impliziert sind.

Die vorherigen Überlegungen brachten uns so zu einer beachtlichen Liberalisierung der in Abschnitt 7 umrissenen Auffassung einer Theorie als einem interpretierten Kalkül: eine Menge V_A vorgängig verfügbarer Terme anstatt von „Beobachtungstermen" wird als Interpretationsbasis ausreichen, und die Vorstellung von Interpretativsätzen für individuelle theoretische Terme wurde durch ein globales Interpretativsystem für einen theoretischen Kalkül als ganzen ersetzt, wo die individuellen Sätze des Interpretativsystems nicht länger Restriktionen hinsichtlich ihrer logischen Form unterworfen sind[86].

17. Interpretativsysteme: erkenntnistheoretischer Status

Dem empiristischen Standardmodell entsprechend kann eine Theorie als eine Satzmenge ausgedrückt werden, von der wiederum eine Untermenge aus Interpretativsätzen besteht. Was unterscheidet die letzteren von anderen Sätzen der Theorie, welche besonderen Behauptungen werden für sie erhoben? Die Bezeichnungen „Interpretativsätze" oder „Korrespondenzregel", und in besonderen Fällen „operationale Definition" oder „Zuordnungsdefinition", legen die Ansicht nahe, daß sie durch sprachliche Konvention oder Festsetzung eingeführt werden, daß sie angeben, wie die theoretischen Ausdrücke verstanden werden sollen; und daß kraft der von ihnen erbrachten empirischen Interpretation theoretischer Terme die übrige Theorie den Status einer Menge empirischer Behauptungen erlangt. Interpretativsätze würden sich also von anderen Sätzen der Theorie aufgrund ihres erkenntnistheoretischen Status unterscheiden: ihre Wahrheit würde durch sprachliches *fiat* sichergestellt und wäre unabhängig von Fragen empirischer Tatsachen. Daher könnten solche Sätze niemals mit empirischen Funden in Konflikt geraten; empirisches Ergebnismaterial könnte ihnen unmöglich die Bestätigung entziehen: sie wären *a priori* wahr.

Diese Ansicht steht jedoch nicht gut mit der tatsächlichen wissenschaftlichen Verfahrensweise in Einklang. Sogar Sätze, die ursprünglich durch Verabredung eingeführt wurden, um als „operationale Definitionen" oder Anwendungskriterien für wissenschaftliche Terme zu dienen, können im Verlauf oft als streng genommen falsch betrachtet werden, obwohl sie vielleicht in einem bestimmten eingegrenzten Anwendungsbereich der Wahrheit sehr nahe kommen. Man nehme z. B. an, daß in einem frühen Entwicklungsstadium der Wärmetheorie das Wort „Temperatur" mittels eines Satzes eingeführt wird, der die Temperatur eines Körpers numerisch mit dem Ablesungsresultat eines mit dem Körper in Berührung gebrachten Quecksilberthermometers identifiziert. Dieser „Kriteriumssatz" wird dann kraft sprachlicher Verabredung eingeführt[87]. Aber nachfolgende Forschung, die von dem Satz Gebrauch macht, kann sehr wohl zu einer Theorie des Wärmeaustauschs mit einer Aussage führen, daß bei Berührung ein Wärmeaustausch zwischen den beiden stattfindet, so daß die Temperatur des Körpers sich verändert und daher nicht richtig vom Thermometer festgehalten wird, außer wenn das Thermometer anfangs zufällig die gleiche Temperatur wie der Testkörper hat. Diese Konsequenz widerspricht dem ursprünglichen Kriteriumssatz und kann dessen Zurückweisung zugunsten eines komplizierten, aus der Theorie hergeleiteten Kriteriumssatzes zur Messung von Temperatur veranlassen. So wird ein kraft Verabredung eingeführter Satz als Reaktion auf empirische Belege verworfen, nämlich als Antwort auf die Funde, die zur Stützung und zur Akzeptierung der Gesetze des Wärmeaustauschs führen. Und wirklich sind so zahllose Anwendungskriterien für wissenschaftliche Terme schließlich modifiziert oder insgesamt beseitigt worden.

Man könnte einwenden, daß die Einführung des ursprünglichen Kriteriumssatzes in unserem Beispiel nicht mehr als eine Verabredung ausdrückt, das Wort „Temperatur" in klar bestimmter Weise zur bequemen Formulierung von Sätzen über einen Thermometerstand zu benutzen, und daß deshalb neue empirische Funde unmöglich damit konfligieren und seine Aufgabe erzwingen können − etwa auf dieselbe Weise, in der die Entdeckung schwarzer Schwäne die Aufgabe des Satzes „Alle Schwäne sind weiß" erzwingt. Bestenfalls zeigen die Resultate über Wärmeaustausch, so könnte der Einwand weitergehen, daß es im Interesse theoretischer Einfachheit ratsam ist, den Kriteriumsatzs zu modifizieren, da sonst keine einfachen Gesetze des Wärmeaustauschs formuliert werden könnten: den Kriteriumssatz fallen zu lassen, heißt daher nicht, eine Behauptung als empirisch bestätigungsvermindert *auf*zugeben, sondern vielmehr, eine Konvention als unbequem *preis*zugeben.

Bei der Antwort auf diese Ansicht möchte ich zwei Probleme ansprechen. Erstens: die Vorstellung, ein Satz, der eine terminologische Verabredung darstellt, lasse keinen empirischen Test zu, könnte von der Annahme herrühren, daß ein solcher Satz eine quasi-imperative Form besitze: „Unter der Temperatur eines Körpers wollen wir verstehen (oder: soll verstanden werden) dieses und jenes"; in diesem Falle würde er keine Behauptung ausdrücken und könnte nicht mit empirischen Resultaten in Konflikt geraten. In Wirklichkeit jedoch führt die fragliche Verabredung einen Kriteriumssatz ein, der keineswegs eine quasi-imperative Form besitzt, nämlich: „Die Temperatur eines Körpers ist dem Stand eines Thermometers numerisch gleich, das in Berührung mit ihm steht." Bestenfalls kann man dem Satz quasi-imperative Form zuschreiben, der die Verabredung ausdrückt, durch die der Kriteriumssatz eingeführt wird: dies ist ein Satz in einer geeigneten Metasprache der Wissenschaft, der festsetzt, daß der Kriteriumssatz in die Menge der akzeptierten Sätze der Wärmetheorie eingegliedert werden soll.

Zweitens: der Test eines theoretischen Satzes S durch eine besondere experimentelle oder beobachtungsmäßige Verfahrensweise setzt die Ableitung eines Satzes E von S voraus, der aussagt, was das Ergebnis dieser Verfahrensweise sein wird. Aber solch eine Folge kann man nicht von einem theoretischen Satz S allein herleiten: viele weitere Annahmen sind als zusätzliche Prämissen notwendig, um die Ableitung zu ermöglichen. So beruht z. B. der Test einer astronomischen Hypothese durch spektrographische Mittel auf verschiedenen Annahmen über die Konstruktion der entsprechenden Instrumente und über all die theoretischen Prinzipien der Optik, die gebraucht werden, wenn durch Teleskope und Spektrographen erhaltene Fotografien als Hinweis auf z. B. das Vorhandensein von Wasserstoff in der Sternatmosphäre und einer Rotverschiebung bestimmter Größe in ihren Spektrallinien benutzt werden.

Wenn daher die wirklichen Testergebnisse nicht mit den aus S hergeleiteten übereinstimmen, folgt daraus nicht, daß S falsch ist. Es ist auch durchaus möglich, daß diese Testergebnisse Beobachtungs- und Messungsfehler enthalten. Deshalb entscheidet das negative Testergebnis nicht ausschließlich darüber, welche in der Ableitung benutzten Prämissen, wenn überhaupt, aufgegeben werden müssen; eine Anpassung kann auf verschiedene Weisen vorgenommen werden. Und auch im wissenschaftlichen Alltag ist es keineswegs immer der angeblich zu testende theoretische Satz S, der in solchen Fällen aufgegeben wird. Wenn z. B. S Teil einer außerordentlich gutbegründeten Theorie ist, dann kann man entgegengesetzte experimentelle Ergebnisse durchaus Fehlern in der Versuchsanordnung oder der Falschheit einiger als Prämissen benutzter Hilfshypothesen zuschreiben[88]. Die Wahl zwischen verschiedenen Anpassungsmöglichkeiten wird nicht durch das ungünstige Tatsachenmaterial allein eindeutig bestimmt; sie hängt dann auch von allgemeineren Überlegungen ab. Sie betreffen solche Faktoren wie Aussagekraft, Reichweite und systematische Einfachheit verschiedener Satzsysteme, die man wissenschaftlich als Ergebnis alternativer Wahlmöglichkeiten akzeptieren würde.

Wir haben zwei Verfahrensweisen verglichen, die sich erkenntnistheoretisch offensichtlich ziemlich voneinander unterscheiden:

(i) Die Aufgabe eines Satzes, der falsifiziert oder dem aufgrund empirischer Funde die Bestätigungsbasis entzogen worden ist.

(ii) Die Aufgabe eines Satzes, der kraft Festsetzung eingeführt worden ist (d. h. um einem theoretischen Term eine Interpretation zuzuordnen), aber dessen Beibehaltung in der Menge wissenschaftlich anerkannter Sätze zu theoretischen Komplikationen führen würde.

Ich habe zu zeigen versucht, daß es keinen klaren erkenntnistheoretischen Unterschied zwischen beiden gibt: in beiden Fällen spielen störende empirische Resultate normalerweise eine Rolle. Aber in keinem der beiden Fälle verlangen diese Ergebnisse eindeutig die Aufgabe des entsprechenden Satzes. In jedem der beiden Fälle muß man eine Wahl zwischen alternativen Wegen treffen, die störenden Ergebnisse in den Griff zu bekommen, und diese Wahl ist Überlegungen der systematischen Einfachheit, Reichweite und Bestätigung unterworfen.

Das Merkmal, durch sprachliche Verabredung eingeführt zu sein, verleiht daher einem wissenschaftlichen Satz keinen fest umrissenen erkenntnistheoretischen Status: ist er einmal übernommen worden, dann teilt er mit allen anderen anerkannten wissenschaftlichen Sätzen – logische und mathematische Wahrheiten ausgenommen – das Risiko, daß man ihn als Reaktion auf neue empirische Ergebnisse und in Hinsicht auf allgemeine systematische Ziele wissenschaftlicher Theoriebildung aufgibt.

18. „Implizite Definition" theoretischer Terme

Wir wollen uns nun der in Abschnitt 15 erwähnten Vorstellung zuwenden, daß die Bedeutungen theoretischer Terme zum Teil von den Postulaten des theoretischen Kalküls bestimmt werden, die selber implizite Definitionen für die Terme konstituieren sollen.

Man kann diesen Grundsatz in abgeschwächter oder in voller Form verstehen. Betrachtet man ihn in der ersten Weise, so ist das durchaus korrekt, trägt aber nichts zur Lösung des Bedeutungsproblems für theoretische Terme bei, wie man es im analytischen Empirismus versteht. In der zweiten Weise verstanden, hat er in der Tat Einfluß auf dieses Problem, ist aber aus ähnlichen Gründen unakzeptabel, wie sie im vorhergehenden Abschnitt gegen den Begriff der Interpretativsätze angeführt wurden.

Die abgeschwächte Form kann man dadurch veranschaulichen, daß man eine Axiomatisierung der Euklidischen Geometrie wie die Hilberts betrachtet. Um die Aussagen dieser Theorie zu beweisen, ist es nicht notwendig, explizite Definitionen der Primitivterme zu geben: die Annahme reicht aus, daß Punkte, Geraden, die Kongruenzrelation für Strecken u. ä. Entitäten, Relationen usw. sind, die den Postulaten genügen. Erfüllen die Primitivbegriffe diese Bestimmungen, dann werden sie allen Aus Aussagen der Geometrie nachweislich genügen.

Eine implizite Definition in diesem Sinne ist bekanntlich (s. Anm. 26), unvollständig: die Postulate der Euklidischen Geometrie und anderer solcher axiomatisierter Systeme legen nicht eine einzige Interpretation der Primitiva fest, sondern bestimmen vielmehr eine unendliche Klasse von Modellen. Jedes dieser Modelle ordnet jedem Primitivterm eine bestimmte Interpretation in einer Weise zu, die Postulate in wahre Sätze verwandelt. So stellt z. B. die analytische Euklidische Geometrie ein Modell der axiomatisierten Euklidischen Geometrie dar. In diesem Fall sind die Primitiva alle in Form von Eigenschaften und Relationen reeller Zahlen unter Zuhilfenahme von Sätzen definitionaler Form interpretiert. Ein Punkt in der Ebenengeometrie ist z. B. als geordnetes Paar reeller Zahlen definiert, eine Gerade als Menge solch geordneter Paare, deren Elemente eine bestimmte Art von Lineargleichung erfüllen usw.

Man kann so die Postulate des Kalküls C einer wissenschaftlichen Theorie als implizite Definitionen der theoretischen Primitiva begreifen, und dies im abgeschwächten Sinne als Bestimmung einer Klasse von Modellen oder Gesamtinterpretationen für alle Primitiva und zwar derart, daß die Postulate und folglich alle Sätze der Theorie für jedes von ihnen wahr sind. Das sagt lediglich aus, daß die Theorie dann wahr ist, wenn den Primitiva eine dieser Interpretationen zugeordnet wird. Es sagt aber nicht aus, daß die Primitiva Bedeutungen haben müssen, die von einer der Interpretationen dargestellt werden.

Wenn der Grundsatz der impliziten Definition einen Einfluß auf das Bedeutungsproblem für theoretische Terme haben soll, muß man ihn als die schärfer gefaßte Behauptung begreifen, daß in einer wissenschaftlichen Theorie die Postulate des Kalküls C anzeigen, wie die theoretischen Terme verstanden werden sollen – nämlich in einer Weise, die den Postulaten genügt. Aus dem eben erwähnten Grund würde diese Festsetzung nicht allein eine Gesamtinterpretation theoretischer Terme bestimmen, sondern sie schlösse jede empirische Interpretation aus, die gegen die Postulate verstoßen würde. So würde den Postulaten einer wissenschaftlichen Theorie aufgrund sprachlicher Verabredung Wahrheit verliehen und sie wären daher *a priori* wahr. In der empirischen Wissenschaft hat aber keine theoretische Behauptung einen *a-priori*-Status: der Grundsatz unterliegt den gleichen Einwänden wie die Vorstellung von Interpretativsätzen, deren Wahrheit kraft Verabredung garantiert ist.

Die hier umrissenen Überlegungen betreffen die Grundsätze der Bedeutungsbestimmung mittels Korrespondenzregeln und mittels impliziter Definitionen und machen es ratsam, im Geiste der Ansichten Quines[89] die Vorstellung aufzugeben, daß die Sätze einer Theorie in zwei durch ihre erkenntnistheoretischen Merkmale unterschiedene Klassen zerfallen: durch sprachliche Verabredung gesicherte Sätze, die dem Hinweis dienen, was die theoretischen Terme bedeuten sollen, und Sätze, die empirische Behauptungen mittels interpretierter Terme ausdrücken und der Bestätigung oder dem Bestätigungsentzug durch empirischen Test unterworfen sind.

Dementsprechend muß man eine Theorie als deduktiv organisierte Menge von Sätzen betrachten, die schlechthin behauptet werden, ohne daß sie ihrem erkenntnistheoretischen Status nach unterschieden werden. Natürlich werden diese Sätze noch die grundlegenden theoretischen Annahmen und ebenfalls Sätze enthalten, die zwischen Ereignissen Verbindungen herstellen, welche mittels theoretischer Terme beschrieben sind, und Phänomene, die in vorgängigen Termen dargestellt sind.

Allerdings wollen wir hervorheben, daß die Unterscheidung zwischen diesen zwei Komponenten einer Theorie nicht so scharf ist wie sie vom empiristischen Standardmodell unterstellt wird. Diesem Modell entsprechend, bilden die grundlegenden Annahmen einer Theorie und ihre Konsequenzen eine Menge C von Sätzen, die ausschließlich im theoretischen Vokabular V_T ausgedrückt sind. In Wirklichkeit jedoch enthalten die grundlegenden Prinzipien einer Theorie gewöhnlich auch verschiedene vorgängig verfügbare Termen. Dies trifft z. B. für die Sätze der kinetischen Theorie der Gase zu, die Atomen und Molekülen Merkmale wie Masse, Volumen, Geschwindigkeit, kinetische Energie u. ä. zuschreibt; denn die für solche Zuschreibungen verwendeten Terme wurden bereits in der vorangehenden theoretischen und experimentellen Erforschung der Mechanik makroskopischer Körper benutzt.

Aber selbst wenn viele der grundlegenden theoretischen Prinzipien und ihrer Konsequenzen „Mischsätze" in dem Sinne sein können, daß sie Terme sowohl aus V_T als auch aus V_A enthalten, wird eine Theorie immer noch andere Mischsätze einbegreifen, die besonders als Anwendungskriterien für theoretische Ausdrücke geeignet sind. Solche Sätze können verschiedene logische Formen haben. Einige mögen Kriteriumssätze operationalen Charakters sein, wobei sie die in Abschnitt 6 diskutierte Form der Reduktionssätze annehmen; andere könnten, wie in Abschnitt 16 erwähnt, die Form von Definitionen für vorgängige Terme mittels theoretischer Terme besitzen, und es mag noch andere Sätze mit mannigfaltigerer, weniger restringierter Form geben.

Die in den vorhergehenden Kapiteln gegebene Darlegung der logischen Struktur wissenschaftlicher Begriffsbildung, der die Entwicklung beherrschenden methodologischen Überlegungen und der Untrennbarkeit von Begriffsbildung und Theoriebildung wird von den im vorliegenden Kapitel vorgebrachten Argumenten nicht berührt – ausgenommen die Vorstellung, die hier und dort im Hintergrund der Diskussionen früherer Kapitel herumspukt: daß neuen Termen einer Theorie und wissenschaftlichen Termen im allgemeinen empirischer Gehalt mittels Interpretativsätzen zugeordnet wird, die einen festumrissenen erkenntnistheoretischen Status besitzen.

19. Theoriewandel und „Inkommensurabilität"

Die vorherigen Überlegungen haben auch einen deutlichen Einfluß auf eine der von den neueren Kritikern des analytischen Empirismus vorgetragenen Doktrinen. Diese Lehre will besagen, daß Wandel einer wissenschaftlichen Theorie immer mit Wandel in den Bedeutungen all der Terme verbunden ist, die die neue Theorie von ihrer Vorgängerin übernimmt, und daß folglich sowohl hinsichtlich ihrer Begriffe als auch hinsichtlich empirischer Ergebnisse, die wichtiges Belegmaterial für die eine oder die andere darstellen würden, neue und alte Theorie „inkommensurabel" sind.

So führte Feyerabend aus, daß „die Bedeutung jedes von uns benutzten Terms vom theoretischen Kontext abhängt, in dem er auftritt"[90] und daß daher ein Wandel in den Prinzipien einer Theorie Wandlungen in den Bedeutungen aller involvierten Terme nach sich zieht, bis hin zu den von mir als vorgängig verfügbar bezeichneten Termen – also jenen, die zur Beschreibung der Beobachtungs- oder Experimentalergebnisse dienen, durch die die Theorie getestet werden kann. Deshalb wird eine neue wissenschaftliche Theorie für „inkommensurabel" mit ihrer Vorgängerin gehalten: die beiden sind sozusagen nicht aus denselben begrifflichen Bestandteilen zusammengesetzt; und wegen des Wandels in den Bedeutungen der vorgängigen Terme gibt es kein gemeinsames, wie man sagen könnte, Nachweismaß, das man beiden zuerkennen kann: denn sogar ein und derselbe, im Vokabular V_A ausgedrückte Satz über Experimental- oder Beobachtungsergebnisse hätte in zwei theoretischen Zusammenhängen verschiedene Bedeutungen.

Ähnlich hat Kuhn hervorgehoben, daß grundlegende Wandlungen in der Perzeption großer Teile unserer Erfahrung mit einer wissenschaftlichen Revolution verbunden sind, in der ein „Paradigma" — eine grundlegende und umfassende Theorie in einem bestimmten Gebiet — durch ein anderes ersetzt wird. Kuhn spricht ebenfalls von der Inkommensurabilität der beiden Begriffssysteme. Als eines ihrer Merkmale erwähnt er einen Wandel in den Bedeutungen der zentralen Terme und eine Veränderung der theoretischen Weltbetrachtung, die so radikal ist, daß „die Befürworter verschiedener Paradigmata ihren Beruf in verschiedenen Welten ausüben", und er stellt fest, daß ernste Schwierigkeiten theoretischer Kommunikation zwischen den jungen Revolutionären und den Anhängern des alten Paradigmas auftreten können[91]. Man ist versucht, das von Kuhn und — in radikalerer Form — von Feyerabend ins Auge gefaßte Phänomen als den Babeleffekt zu bezeichnen, da anscheinend die Hybris der nach ständig kühneren Theorien strebenden Wissenschaftler hier mit einer Sprachverwirrung bestraft wird.

Jedoch zeigt die Geschichte der Wissenschaft offenbar nichts so Drastisches wie den Babeleffekt: vor- und nachrevolutionäre Wissenschaftler waren offensichtlich durchaus fähig, sich untereinander zu verstehen und aufgrund empirischer Resultate die Begründetheit ihrer wechselseitigen theoretischen Behauptungen in Frage zu stellen. So gab es anscheinend zwischen denjenigen Parteien kein Kommunikationsversagen, die die Frage diskutierten, ob die Bewegung des Perihels vom Merkur ausreichend innerhalb des Rahmens der klassischen Himmelsmechanik erklärt werden kann, indem man Erscheinungen wie die Abplattung der Sonne in Betracht zieht, oder aber, ob dafür die allgemeine Relativitätstheorie bzw. eine andere ähnliche neue Theorie notwendig oder doch wenigstens wünschenswert ist. Insbesondere gibt es weder Verwirrung noch Meinungsverschiedenheit über die Datensätze, die die Bewegung des Merkurperihels beschreiben.

Wir wollen auch hervorheben, daß sogar weitreichende theoretische Wandlungen oft wenig Auswirkung auf Kriteriumssätze haben. Man nehme z. B. an, daß bestimmte Modifikationen in die Theorie der Atomstruktur eingeführt werden, um einige neue spektroskopische Resultate zu erklären. Obwohl die neue Theorie einige abgewandelte Annahmen über die Innenstruktur der Atome von verschiedenen Elementen wie z. B. Wasserstoff, Natrium, Kupfer usw. enthalten wird, dürfte sie doch die meisten der Sätze unverändert lassen, die „operationale" Kriterien zur Identifikation der betreffenden Elemente liefern und so die Anwendung der Theorie auf einzelne Elemente vermitteln. Das machte eine objektive Diskussion darüber möglich, ob sich gegebene spektroskopische Resultate besser in die neue als in die alte Theorie einpassen — was zeigt, daß solche Ergebnisse aufgrund des Belegmaterials zwei Theorien kommensurabel werden lassen.

Wir wollen nun zu einer Bemerkung in logisch-systematischer Argumentationsrichtung kommen, die unser gegenwärtiges Problem in Beziehung zu den im vorigen Abschnitt diskutierten Fragen setzt. Zur Illustration des von einer wissenschaftlichen Revolution involvierten Begriffswandels sagt Kuhn an einer Stelle in seinem Buch:

„Nehmen wir ... jene Männer, die Kopernikus verrückt nannten, weil er verkündete, daß die Erde sich bewege. Sie waren nicht ganz und gar im Unrecht. Was sie unter ‚Erde' verstanden, war unter anderem feste Position. Zumindest *ihre* Erde konnte nicht bewegt werden. Dementsprechend bestand Kopernikus' Neuerung nicht einfach darin, die Erde zu bewegen. Es war vielmehr eine völlig neue Art und Weise, die Probleme der Physik und Astronomie zu betrachten, eine Art, die notwendigerweise die Bedeutung sowohl von ‚Erde' wie von ‚Bewegung' veränderte"[92].

Zweifellos brachte Kopernikus einen radikalen Wandel in der Art und Weise, wie die Menschen die Welt begriffen; aber aufgrund welcher Basis und in genau welchem Sinne kann man die Behauptung aufrechterhalten, daß dies einen Wandel in den *Bedeutungen* solcher Terme wie „Erde" und „Bewegung" beinhaltete anstatt vielmehr einen Wandel in den *Überzeugungen*, den getroffenen Behauptungen über die Erde und ihre Bewegung? Da Kuhns Interesse nicht primär logischer und analytischer Natur ist, geht er auf diese Frage nicht besonders ein; er äußert sich über Bedeutungen in einer größtenteils intuitiven Art und Weise. Und die in den vorhergehenden zwei Abschnitten dargestellten Argumente zeigen offensichtlich, daß die Aussichten auf eine klare und präzise Explikation der Unterscheidung zwischen Sätzen, die Bedeutungen widerspiegeln und Sätzen, die empirische Behauptungen ausdrücken, schlecht sind.

In einem späteren Kommentar zum Problem bemerkt Kuhn: „Zwei Personen, die dieselbe Situation verschieden sehen, aber dennoch dasselbe Vokabular bei ihrer Diskussion gebrauchen, müssen ihre Wörter unterschiedlich verwenden. Sie sprechen von, wie ich es genannt habe, inkommensurablen Standpunkten aus"[93]. Tritt ein theoretisches System an die Stelle eines anderen, mit dem es einen Teil oder das ganze Vokabular gemeinsam hat, dann werden sicherlich die fraglichen Wörter in beiden Theorien unterschiedlich *verwendet*. Aber wenn die vorher entwickelten Argumente richtig sind, dann heißt das nicht, daß die Wörter ihre *Bedeutungen* geändert haben; und es ist auch überhaupt nicht klar, wie man feststellt, ob eine bestimmte Differenz in der Verwendung gewisser Wörter einen Wandel in der Bedeutung oder einen Wandel in den über ein Problem getroffenen empirischen Annahmen anzeigt. Anscheinend gibt es wirklich keinerlei klare Unterscheidung solcher Art.

Feyerabends Ansichten über Bedeutungswandel beruhen, wie schon früher bemerkt, auf der Behauptung, daß die Bedeutung jedes von uns verwendeten Terms vom theoretischen Zusammenhang abhängt, in dem er auftritt. Dieser Gedanke ähnelt offenbar der genaueren und ausgearbeiteteren empiristischen Auffassung, daß die Bedeutungen theoretischer Terme von einigen, wenn nicht sogar allen Sätzen der Theorie angezeigt werden, in der sie verwendet werden. Wenn daher Feyerabend sagen will, daß die Sätze einer Theorie aufzeigen, wie die wesentlichen Terme verstanden werden sollen, dann muß man seine These aus genau denselben Gründen zurückweisen, die in den Abschnitten 17 und 18 gegen die empiristische Version ins Feld geführt worden sind.

Auf eine andere Art könnte man zugunsten Feyerabends Behauptung auf der Basis argumentieren, daß die Bedeutung eines Terms sich in der Art und Weise, wie man ihn benutzt, zeigt und daß daher die Modifikation einer Theorie die Beobachtungen all ihrer Terme verändert, da sie wenigstens einige der Bedeutungen verändert, in denen man die Terme verwendet.

Unterstellt man einmal diese Prämisse über Bedeutung und Gebrauch, dann ist diese Thesenkonstruktion zweifellos wahr, aber sie ist auch trivial.

Darüber hinaus bringt ein Bedeutungswandel, wie er hier verstanden wird, keineswegs eine Inkommensurabilität der Belegbasis hinsichtlich der betroffenen Theorien mit sich. Man betrachte z. B. zwei Formen N_1 und N_2 der Newtonschen Theorie der Gravitation und Bewegung, wobei die zweite von der ersten durch eine kleine, auf verfeinerten Messungen basierende Modifikation des numerischen Wertes für die universelle Gravitationskonstante gewonnen ist. Dann sind N_1 und N_2 hinsichtlich der Belegbasis sicherlich nicht inkommensurabel. So bilden z. B. Experimentalresultate, die zur Modifikation führen, eine Belegbasis, die für beide relevant ist: günstig für N_2, ungünstig für N_1.

Überdies wäre es offenbar ziemlich willkürlich und unplausibel, in diesem Falle zu behaupten, daß die Wertveränderung der Gravitationskonstante die Bedeutungen der Terme von N_1 gewandelt hat.

Es gibt sicherlich bestimmte Fälle, in denen die Verteidiger der hier zur Diskussion stehenden These überzeugend einen Bedeutungswandel für einen Term behaupten könnten – so z. B. wenn im Verlauf eines Theoriewandels der Term seinen syntaktischen Status verändert und zwar in dem Sinne, wie es in Abschnitt 3 diskutiert wurde.

So nimmt man in der klassischen Mechanik das Wort „Masse (in Gramm)" als Ausdruck für ein intrinsisches quantitatives Merkmal und es hat daher die syntaktische Form eines Funktor mit einem Argument, ‚$m(x)$', das positive reelle Zahlen als Werte annimmt. In der speziellen Relativitätstheorie wird die Masse eines Körpers andererseits als relativ zu einem Bezugsrahmen B und der Geschwindigkeit v des Körpers im Rahmen begriffen, so daß der Begriff durch einen Funktor mit drei Argumentstellen: ‚$m(x,R,t)$' dargestellt werden kann.

Feyerabend hat Fälle solcher Art klar und detailliert diskutiert[94]. Aber ganz offensichtlich gehören nicht alle von der fraglichen These unterstellten Fälle von Bedeutungswandel diesem sehr speziellen Typ an.

Wenn die These der Inkommensurabilität für die Bedeutungen theoretischer Terme die Skylla der Verschwommenheit und die Charybdis der Trivialität vermeiden will, muß man klar angeben, wie das Wort „Bedeutung" in diesem Kontext verstanden werden soll und genau welche Arten von Wandlungen in einer Theorie Wandlungen in den Bedeutungen ihrer Terme nach sich ziehen.

Solange solche Klärung nicht vorliegt, kann man die These als ein dramatisches, wenn auch etwas irreführendes Mittel betrachten, um hervorzuheben, daß die Ersetzung eines umfassenden theoretischen Systems in der Wissenschaft durch eine neues System eine „Wandlung des Weltbildes"[95], wie Kuhn es genannt hat, involviert, d. h. einen weitreichenden Wandel darin, wie wir große Phänomenbereiche sehen, ja sogar, *was* wir in solchen Bereichen sehen. Hanson, Kuhn und Feyerabend haben dieses Problem auf anregende Weise herausgearbeitet, indem sie bedeutende Beispiele aus der Wissenschaftsgeschichte heranzogen[96].

20. Theorien ohne bedeutungsbestimmende Sätze

Das Bedeutungsproblem für theoretische Ausdrücke, wie es in Abschnitt 15 dargestellt wurde, wurzelt in der Ansicht: wenn die Sätze einer Theorie objektives Verständnis und objektive Anwendung auf empirische Phänomene zulassen sollen, dann muß eine adäquate Formulierung der Theorie eine Klasse von Sätzen einschließen, die genau bestimmen, wie die theoretischen Terme verstanden werden sollen, welche Bedeutungen (Intensionen oder Extensionen) sie besitzen sollen.

Nachdem wir die Vorstellung solcher bedeutungsbestimmender Sätze zurückgewiesen haben, sollten wir die Annahme, auf der sie beruht, noch einmal durchdenken.

Die Anwendung einer Theorie T auf empirische Phänomene, beschrieben in einem vorgängigen Vokabular V_A, wird durch Folgerungen zustandegebracht, die von einem in V_A ausgedrückten Satz, z. B. S_A^1, mittels geeigneter aus T entnommener Sätze — S_T sei ihre Konjunktion — zu einem anderen Satz führt, der in V_A ausgedrückt ist, z. B. S_A^2. Eine Folgerung dieser Art kann man durch folgendes Schema darstellen, in dem der Pfeil eine logische Implikation anzeigt:

$$(20.1) \quad S_A^1 \cdot S_T \rightarrow S_A^2$$

Unmittelbar ausgedrückt, zeigt eine Folgerung dieser Art, daß, gemäß der Theorie T, dann das durch S_A^2 beschriebene Phänomen auftritt, wenn die durch S_A^1 beschriebenen Bedingungen vorliegen. Im Falle einer theoretischen Vorhersage wird S_A^2 ein Ereignis beschreiben, daß später als das von S_A^1 beschriebene auftritt; in einer theoretischen Retrodiktion ist die Reihenfolge umgekehrt. Schließlich liefert das Schema auch noch die Grundform einer theoretischen Erklärung des durch S_A^2 beschriebenen Ereignisses durch Bezug auf das durch S_A^1 beschriebene[97].

Wenn eine Theorie T Folgerungen des Typs (20.1) hervorbringen soll, in denen S_T Terme aus dem theoretischen Vokabular V_T enthält, dann wird T Sätze der Art beinhalten müssen, die wir grob Kriteriumssätze nannten und die theoretische Terme zu vorgängigen Termen in einer Weise verbinden, die es ermöglicht, theoretische Ausdrücke auf empirische, in V_A beschriebene Phänomene anzuwenden. Aber für die Brauchbarkeit eines gegebenen Kriteriumssatzes, die Rolle von S_T in einer theoretischen Folgerung zu erfüllen — und für die Gültigkeit dieser Folgerung — ist es vollkommen irrelevant, ob man den Satz als bedeutungsbestimmenden Satz, der eine sprachliche Verabredung widerspiegelt, oder als den Ausdruck einer empirischen Behauptung betrachtet. Diese von uns zurückgewiesene Unterscheidung ist für eine Analyse der Anwendung einer Theorie auf empirische Phänomene überhaupt nicht notwendig und hat auch keinerlei Bedeutung für die Objektivität solcher Anwendung: diese Objektivität wird vielmehr vom Grad der Explizitheit und der Präzision abhängen, mit der die theoretischen Prinzipien formuliert sind; weiter von der Gültigkeit der logischen und mathematischen Folgerungsprinzipien, die bei der Ableitung von S_A^2 benutzt werden und von der Klarheit und Uniformität des Gebrauchs des vorgängigen Vokabulars, in dem S_A^1 und S_A^2 ausgedrückt sind.

Analoge Überlegungen gelten für die Frage, wie neue theoretische Terme und die sie enthaltenden Sätze objektiv verstanden werden können, wenn keine bedeutungsbestimmenden Sätze für die theoretischen Terme niedergelegt worden sind. Zuerst möchte ich daran erinnern, daß wir oft in der Alltagsunterhaltung, aber auch in der wissenschaftlichen Forschung lernen, neue Ausdrücke zu verstehen und sie in gutem Einklang mit anderen Rednern zu benutzen und zwar anders als durch explizit festgesetzte Definitionen oder Kriteriumssätze, so z. B. durch die besonderen Umstände ihres Gebrauchs[98]. Zweifellos werden jedoch hohe Präzision und Uniformität im Gebrauch wissenschaftlicher Terme zu einem beträchtlichen Teil durch die explizite und präzise Formulierung einer Theorie, in der die Terme ihre Funktion haben, erzielt. Es besteht aber keine Notwendigkeit, deswegen jeden dieser Sätze als entweder bedeutungsbestimmend und festgesetzt oder als empirisch zu kennzeichnen; dies ist wirklich unsinnig, weil, wie vorher dargelegt, die Unterscheidung verschwommen ist.

Die Objektivität, mit der ein Term verstanden und verwendet wird, dürfte u. a. von der Expliziertheit der für ihn vorgebrachten Kriteriumssätze und von der Uniformität des Gebrauchs abhängen, die das Vokabular, was die Kriteriumssätze als vorgängig verstanden voraussetzen, auszeichnet. In der Wissenschaft, wie in den vorigen Kapiteln bemerkt, verwendet man in dieser Hinsicht große Sorgfalt auf das Erreichen hoher Standards, indem man eine geeignete Wahl der Anwendungskriterien für wissenschaftliche Terme, einschließlich Meßregeln, trifft.

Die in diesem Kapitel dargestellten Überlegungen erhellen noch weiter die untrennbaren Verbindungen – wiederholt wurden sie auch schon früher in diesem Buch erwähnt – zwischen Begriffsbildung und Theoriebildung in der Wissenschaft. Begriffe werden im Zusammenhang der Formulierung von Hypothesen oder umfassenderen Theorien eingeführt und die Art und Weise, in der sie gekennzeichnet und im folgenden modifiziert oder insgesamt aufgegeben werden, muß den allgemeinen Erfordernissen für wissenschaftliche Hypothesen und Theorien entsprechen: Testfähigkeit, Verzahnung mit wichtigen Daten, Verträglichkeit mit gutfundierten Theorien, Einfachheit usw.

Aber Begriffsbildung ist auch auf spezifischere Weisen theorieverbunden: wie in Abschnitt 17 angemerkt, müssen die Anwendungskriterien für einen wissenschaftlichen Term modifiziert werden können, wenn die Theorie, in er er seinen Platz hat, mit neuen empirischen Resultaten in Konflikt gerät oder aus anderen Gründen verändert wird. So machen theoretische Fortschritte es oft notwendig, den operationalen Kriterien für wissenschaftliche Termen verschiedene genauere Angaben aufzuerlegen. Andererseits liefern theoretische Entwicklungen oft vollkommen neue Anwendungskriterien für einen Term, wie man z. B. an der beträchtlichen Methodenvielfalt zur Entfernungsmessung – vom subatomaren bis zum kosmischen Bereich – sieht, die als Ergebnis von Fortschritten in physikalischen Theorien greifbar geworden ist.

Aber ein wissenschaftlicher Begriff kann seinem Zweck nicht allein kraft seiner Anwendungskriterien dienen: seine Funktion hängt entscheidend von den Beziehungen ab, durch die er mit anderen Begriffen im theoretischen Netzwerk verknüpft ist, und diese Beziehungen wiederum werden von den Prinzipien der Theorie bestimmt.

Begriffsbildung und Theoriebildung sind in der empirischen Wissenschaft grundsätzlich die gleiche Verfahrensweise: die eine oder die andere herauszugreifen, bedeutet die Aufmerksamkeit auf die Knoten oder aber auf die Verbindungsfäden im Netzwerk wissenschaftlicher Erkenntnis zu konzentrieren.

Anmerkungen

Vorbemerkung: Abgekürzte, in Klammern gesetzte Titel beziehen sich auf die Bibliographie am Ende des Bandes. Mehrere der bereits veröffentlichten Monographien der International Encyclopedia of Unified Science enthalten Material, das für die Probleme der Begriffsbildung wichtig ist. Aus Gründen der Bequemlichkeit wird auf diese Monographien durch Abkürzung verwiesen. „E I 3", z. B. bedeutet Vol. I, Nr. 3.

1 Ich bin dankbar der John Simon Guggenheim Foundation verpflichtet, die mir für das akademische Jahr 1947–48 ein Stipendium zur Arbeit über die Logik und Methodologie wissenschaftlicher Begriffsbildung gewährte. Die vorliegende Monographie ist ein Teil des Arbeitsergebnisses. Ich danke all denen, die mir mit kritischen Kommentaren oder mit konstruktiven Vorschlägen geholfen haben. Unter diesen möchte ich besonders die Professoren Rudolf Carnap, Herbert Feigl, Nelson Goodman und Ernest Nagel, Dr. John C. Cooley und Herrn Herbert Bohnert erwähnen.
2 So wird z. B. die Genus- und Differential-Regel explizit in Hart (Report) verteidigt, der die Ansichten eines Spezialkomitees über die Integration der Begriffsbildung in den Sozialwissenschaften darstellt.
3 Quine [Math. Logic], S. 47.
4 Hutchinson [Biology]. (Mit Erlaubnis des Verlages aus dem 1948 Copyright der Encyclopaedia Britannica zitiert.)
5 Die Begriffe der Determinanz und der Uniformität des Gebrauchs ebenso wie die der Vagheit und Inkonsistenz des Gebrauchs stehen in Beziehung zu einer Klasse von Individuen, die die fragliche Sprache benutzen. Sie sind daher dem Charakter nach eher pragmatisch als syntaktisch oder semantisch. Über die Beschaffenheit von Pragmatik, Semantik und Syntax s. Carnap (E I 3), Abschn. 1, 2 und 3 und Morris (E I 2).
6 S. [Log. Found. Prob.], Kap. I.
7 Zu Details s. Russell [Math. Philos.] und Tarski [Truth].
8 S. z. B. Sommerhoff [Analyt. Biol.], der eine glänzende Darstellung des allgemeinen Gedankens der Explikation mit einigen nützlichen objektbezogenen Übungen zur Explikation bestimmter grundlegender Begriffe der Biologie verbindet.
9 Eine lebhafte Diskussion dieses Problems durch eine Gruppe von Psychologen und Sozialwissenschaftlern kann man in Sargent und Smith [Cult. and Pers.], bes. S. 31–55 finden. Diese Debatte veranschaulicht für die Theoriebildung in der Psychologie und den Sozialwissenschaften die Relevanz einer klaren Unterscheidung zwischen verschiedenen Bedeutungen von „(Real-)Definition".
10 Expliziter Gebrauch (obwohl nicht der völlig erschöpfendste) dieser Formulierungsweise wird von Hogben in der Darstellung seiner internationalen Hilfssprache Interglossa gemacht. Seine Übersetzungen von Interglossa-Ausdrücken beinhalten Einheiten wie die folgenden: habe credito ex Y = schulde Y; date credito Y de Z = borge Y (ein) Z; X acte AY = X führt die Aktion A hinsichtlich Y aus (Interglossal, S. 45 und 49).
Auf ähnliche Weise benutzen Lasswell und Kaplan in [Power and Soc] Variable, um die Syntax einiger ihrer technischen Terme anzugeben. So ist z. B. Macht als triadische Relation definiert: „*Macht* ist Beteiligung an der Entscheidungsfällung: G hat Macht über H in Hinsicht auf die Werte K, wenn G bei der Entscheidungsfällung, die die K-Verfolgungsstrategien von H betreffen, partizipiert" (ebd. S. 75). Man bemerke, daß diese Definition vielmehr kontextuell ausgedrückt ist als durch Nachahmung der Genus- und Differentia-Form, die hier völlig unanwendbar ist.

11 Definitionen, der im vorliegenden und in den vorangehenden Abschnitten betrachteten Form werden oft *explizite Definitionen* genannt. Sie legen explizit im Definiens einen Ausdruck nieder, der mit dem zu definierenden Ausdruck synonym ist und zugunsten dessen der letztere immer eliminiert werden kann. Sie unterscheiden sich in dieser Hinsicht von den sogenannten *rekursiven Definitionen,* die eine wichtige Rolle in der Logik und der Mathematik spielen, aber nicht in der empirischen Wissenschaft verwendet werden. Hinsichtlich Details über die formalen Aspekte der expliziten und rekursiven Definition s. Church [Articles] und Carnap [Syntax]. Eine kritische historische Analyse verschiedener Konzeptionen der Definition zusammen mit einer Untersuchung der Funktion der Definition in Mathematik und empirischer Wissenschaft kann man in Dubislav [Definition] finden. Lewis [Analysis] enthält eine detaillierte Diskussion der Definition mit besonderer Berücksichtigung der Explikation. Verschiedene wichtige Beobachtungen über Beschaffenheit und Funktion der Definition ist in Quine [Convention] enthalten. Kapitel I von Goodman [Appearance] ist eine exzellente Analyse des Gebrauchs der Definition in rationaler Rekonstruktion. Robinson [Definition] legt eine nichttechnische Diskussion verschiedener Aspekte der Definition dar — jedoch ist dieses Buch nicht überwiegend mit der Definition in der Wissenschaft befaßt.
12 Zur genaueren Ausformulierung und einer teils kritischen Diskussion dieser Anweisung, s. Eaton [Logic], Kap. VII.
13 Hilbert [Grundlagen], § 3.
14 Peano [Définitions].
15 Wichtige Beiträge zur Klärung und teilweisen Lösung dieses Problems sind in Carnap [Aufbau] und Goodman [Appearance] enthalten.
16 S. [Forschung], Abschnitte 25–30.
17 S. z. B. Woodrow [Laws]; Hull [Int. Var.]; Spence [Theory Construction] und MacCorquodale und Meehl [Distinction].
18 Diese wurden zuerst von Carnap in [Testability] hervorgehoben.
19 Zu Details über dieses Problem und seine Auswirkungen s. Chisholm [Conditional]; Goodman [Counterfactuals]; Hempel und Oppenheim [Explan.]; Lewis [Analysis], Kap. VII; Reichenbach [Logik], Kap. VIII.
20 In [Testability]; eine weniger technische Darlegung kann man in Teil III und IV von Carnaps (E I 1) finden.
21 Man könnte einwenden, daß diese Bemerkungen die Unterscheidung zwischen (1) *Zuordnung einer Bedeutung* zu einem wissenschaftlichen Begriff unter Bezug auf Observable und (2) *Entdeckung einer empirischen Regelmäßigkeit,* die der vorher definierte Begriff mit bestimmten Observablen verknüpft, nicht beachtet. Solch eine Entdeckung, könnte man argumentieren, beeinflußt seine Bedeutung überhaupt nicht, obwohl sie neue Kriterien der Anwendung des Begriffes liefert. Nun denke ich, daß es oft nützlich ist, eine Unterscheidung zwischen Fragen der Bedeutung und Fragen der Tatsachen zu treffen, aber ich habe Zweifel über die Möglichkeit, präzise Kriterien zu finden, die die Unterscheidung explizieren würden. Aus diesem Grund scheint mir der mutmaßliche Einwand nicht entscheidend zu sein. Gründe für diese Ansicht kann man in White [Analytic] und Quine [Dogmas] finden. Jedoch ist dieses Problem noch immer Gegenstand beträchtlicher Kontroversen, und meine Bemerkungen im Text sind daher absichtlich skizzenhaft.
22 Dies ist im wesentlichen die liberaler gefaßte Version des Physikalismus, durch die Carnap die frühere Form, die wir als die enger gefaßte These des Empirismus bezeichneten, ersetzen wollte. Etwas genauer behauptet die liberaler gefaßte These, daß jeder Term der empirischen Wissenschaft mittels einer Einführungskette, d. h. einer geordneten Menge von Reduktionssätzen analog einer Definitionskette, eingeführt werden kann. Zu den Details s. Carnap [Testability], bes. Abschnitte 9, 15 und 16; eine weniger technische Synopsis gibt Carnap in (E I 1), Abschn. III und IV.
23 Etwas genauer kann gezeigt werden, daß eine Einführungskette, wie sie von Carnap definiert ist, in Form von Observablen eine notwendige und eine hinreichende Bedingung für den Term, den sie einführt, angibt. Der bilaterale Reduktionssatz (6.3) z. B., der ein einfacher Sonderfall einer Einführungskette ist, bestimmt, daß $P_1 x \cdot P_2 x$ eine hinreichende Bedingung für Qx und $\sim (P_1 x \sim P_2 x)$ eine notwendige ist. Diese Bedingungen gelten ganz allgemein für jedes Objekt x, gleichgültig, ob es die Testbedingung $P_1 x$ erfüllt oder nicht. Carnap hat nicht Reduktionssätze für Ausdrücke, die mehr als eine Variable beinhalten, im Detail diskutiert, aber diese werden von der liberaler gefaßten physikalistischen These erfordert, und seine Theorie der Reduktion kann leicht auf diesen Fall übertragen werden. Doch wenn wir dies tun, kom-

men wir zu der Konsequenz, daß eine Einführungskette für „Länge (u, v) = r" eine notwendige und eine hinreichende Bedingung für jeden Satz dieser Form spezifizieren muß, d. h. für jede mögliche Menge der Werte r ($>$ 0), u, v. Dies kann in Form von Beobachtungsprädikaten offensichtlich nicht geleistet werden.

24 Zu ausführlicheren Details über die axiomatische Methode s. z. B. Tarski [Logic], Kap. VI ff., und Woodgers Abhandlungen [Ax. Meth.] und (E II 5). Es sollte hervorgehoben werden, daß die Konzeption wissenschaftlicher Theorien, in axiomatisierter Form dargestellt, eine Idealisierung ist, die zur logischen Klärung und rationalen Rekonstruktion entworfen wurde. Wirkliche Versuche, Theorien der empirischen Wissenschaft zu axiomatisieren, sind vereinzelt geblieben. Abgesehen von verschiedenen Axiomatisierungen der Geometrie, umfassen die Hauptbeispiele solcher Bemühungen Reichenbachs [Axiomatik], Walkers [Foundations], die gerade zitierte Arbeit von Woodger, die Axiomatisierung der Theorie des "rote learning" durch Hull und seine Mitarbeiter (s. [Rote Learning]) und in der ökonomischen Theorie die axiomatische Behandlung solcher Konzepte wie Nutzen (s. z. B. die Axiomatisierung des Nutzens in von Neumann und Morgenstern [Games], Kap. II und Appendix).

25 S. [Grundlagen].

26 Man findet manchmal die Meinung, daß in einer uninterpretierten axiomatisierten Theorie die Axiome oder Postulate selbst „implizite Definitionen" der Primitiva konstituieren und daß entsprechend die letzteren genau das bedeuten, was die Postulate von ihnen zu bedeuten fordern. Diese Ansicht ist beredt von Schlick (s. [Erkenntnislehre], Abschn. 7) und von Reichenbach (s. [Raum-Zeit-Lehre], § 14) vertreten worden und ist in neuerer Zeit durch Northrop (s. z. B. [Logik], Kap. V) aufgegriffen worden und wird auch in Margenaus Konzept einer „konstitutiven Definition" für theoretische Konstrukte (s. [Reality], Kap. XII) ausgedrückt. Diese Konzeption der Funktion von Postulaten sieht sich jedoch gewissen Schwierigkeiten ausgesetzt. Der Konzeption entsprechend bedeutet der Term „Punkt" in reiner Euklidischer Geometrie eine Entität derart, daß für jede zwei von ihnen genau eine Gerade existiert, der beide gemein sind usw. Aber da den Termen „Gerade", „gemein mit" usw. keine vorherige Bedeutung zugeordnet worden ist, kann diese Charakterisierung dem Termin „Punkt" keinerlei spezifische Bedeutung geben. Um es anders auszudrücken: Die Konjunktion aller Postulate einer axiomatisierten Theorie kann als eine Satzfunktion ausgelegt werden, in der die Primitiva die Rolle von Variablen spielen. Aber von einer Satzfunktion kann man nicht gut sagen, daß sie eine besondere Bedeutung der (d. h. einer besonderen Menge von Werten für die) Variablen, die sie enthält, „definiert", es sei denn, man legt Beweise vor, daß genau eine Menge von Werten für die Variablen existiert, die der gegebenen Satzfunktion genügt. Man kann jedoch von den Postulaten eines uninterpretierten deduktiven Systems gut sagen, daß sie den möglichen Interpretationen für die Primitiva Grenzen auferlegen. So schließt z. B. das Postulat, daß es für zwei Punkte nur eine Gerade gibt, der beide gemein sind, die Interpretation von „Punkt" als „Person", „Gerade" als „Club" und von „gemein mit" als „Mitglied von" aus, denn diese Interpretation würde das Postulat in einen falschen Satz verwandeln. Zu einer konzisen Diskussion des Begriffs der impliziten Definition und seiner historischen Wurzeln siehe Dubislav [Definition], Abschn. 28 und 29. Über den Ursprung dieser Vorstellung im Werk von Gergonne s. auch Nagel [Geometry] Abschn. 27–30.

27 Zu Details über reine und physikalische Geometrie und für weitere Literaturangaben, s. Carnap (E I 3), Abschn. 21 und 22; Hempel [Geometry]; und besonders Reichenbach [Aufstieg], Kap. VIII und die detaillierte Arbeit [Raum-Zeit-Lehre]. Über die relativistische Behandlung physikalischer Geometrie s. auch Finlay-Freundlich (E I 8).

28 Von Campbell wird eine Unterscheidung zwischen abstraktem theoretischen System und Interpretation getroffen, der eine physikalische Theorie in die „Hypothese", d. h. eine Menge von Aussagen „über eine Sammlung von Gedanken, die für die Theorie charakteristisch sind" und das „Bedeutungsreservoir" aufteilt; das letztere bezieht sich auf einige (aber nicht alle) Aussagen, bestimmte empirische Aussagen, deren Wahrheit oder Falschheit unabhängig bestimmt werden kann, und sagt aus, daß eine dieser aufeinander bezogenen Aussagenmengen dann und nur dann wahr ist, wenn die andere wahr ist ([Physics], S. 122). Man bemerke, daß das vorher in Abschnitt 7 dargestellte Argument Zweifel am „dann und nur dann, wenn" aufwirft. In ähnlicher Argumentationsweise spricht Reichenbach von „koordinativen Definitionen", die durch Koordination physikalischer Objekte mit geometrischen Begriffen die Kennzeichnungen der letzteren bestimmen (s. [Aufstieg], Kap. VII; [Raum-Zeit-Lehre], Abschn. 4). Carnap analysiert in (E I 3), Abschn. 21–24 die empirische Interpretation abstrakter Kalküle als ein semantisches Verfahren. Die logische Struktur wissenschaftlicher Theorien und ihre Interpretation wurde ausführlich auch von Northrop ([Logic], bes. Kap. IV–VII und

[Einstein]) und von Margenau ([Reality], Kap. IV, V und XII) diskutiert. Die Regeln, die die Interpretation erstellen, werden von Northrop „epistemische Korrelationen", von Margenau „Korrespondenzregeln" genannt. (Beide Autoren fassen eher eine Interpretation in phänomenalistischen Termen als eine Interpretation unter Bezug auf intersubjektiv bestimmbare Observable ins Auge.) Einsteins Vorlesung [Method] enthält eine glänzende Diskussion des vorliegenden Problems unter besonderer Berücksichtigung der theoretischen Physik.
29 S. [Ax. Meth.] und (E II 5).
30 Zwei Monographien in der *International Encyclopedia of Unified Science* geben kurze Darstellungen der grundlegenden Gedanken der kinetischen Theorie: Lenzen (E I 5), Abschn. 15 und Frank (E I 7), Teil IV. Zu konzisen Analysen der in diesem Falle involvierten Hypothesen und Interpretationen s. Campbell [Physics], S. 126–129 und Nagel [Reduction], S. 104–111.
31 Kochs Essay [Motivation] bietet gute Beispiele der Interpretation theoretischer Konstrukte in der Psychologie mittels empirischer Terme, die nacheinander durch Reduktionssatzketten, die auf Beobachtungstermen beruhen, eingeführt werden.
32 So sagt z. B. A. Wald über die Interpretation einer wissenschaftlichen Theorie: „Um die Theorie auf reale Phänomene anzuwenden, brauchen wir einige Regeln zur Herstellung der Korrespondenz zwischen den idealisierten Objekten der Theorie und denen der realen Welt. Diese Regeln werden immer etwas vage sein und können niemals ein Teil der Theorie selbst sein." ([Statis. Inf.], S. 1).
33 S. Kaplan [Def. and. Spec.].
34 S. Carnap [Log. Found. Prob.], Kap. II; Nagel (E I 6); Reichenbach [Probability], Kap. IX und XI; s. auch Helmer und Oppenheim [Degree], wo eine Theorie der logischen Wahrscheinlichkeit entwickelt ist, die sich in verschiedenen Hinsichten von der Carnaps unterscheidet.
35 S. besonders [Modern Physics], [Physical Theory], [Op. An.] und [Concepts]. Zu einer konzisen und glänzenden Darstellung und Bewertung der zentralen Gedanken des Operationalismus s. Feigl [Operationism]. Zu erhellenden Bemerkungen über Operationalismus in der Psychologie, s. Bergmann und Spence [Operationism] und Brunswik (E I 10), Kap. I und II.
36 [Op. An.], S. 119. In diesem Artikel hebt Bridgman übrigens hervor: „Ich glaube, daß ich selbst niemals von ‚Operationalismus' oder ‚Operationismus' gesprochen habe, sondern ich habe eine Abneigung gegen diese großsprecherischen Worte, die soviel mehr Philosophisches und Esoterisches implizieren als die einfache Sache, die ich sehe" (ebda., S. 114).
37 S. Bridgman [Op. An.] und [Concepts].
38 Für Elementardarstellungen s. Ayer [Language], Kap. I und Vorwort; Pap [Anal. Philos.], Kap. XIII. Eine fortgeschrittene Behandlung kann man in Carnap [Testability] finden; neue kritische Untersuchungen in Hempel [Emp. Crit.] und [Cogn. Signif.].
39 [Institutions].
40 In einigen Fällen soll die Verläßlichkeit eines Tests ein Index der objektiven Konsistenz seiner verschiedenen Komponenten sein. Zur genaueren Diskussion s. Thurstone [Reliability] und Guilford [Methods]. Dodds Artikel [Op. Def.] enthält nützliche Bemerkungen über den Begriff der Reliabilität.
41 S. Ogburn [Social Change], Teile IV und V; Ogburn und Nimkoff [Sociology], S. 81 ff.
42 [Social Change], S. 297.
43 Die Diskussion des "cultural lag" in Ogburn und Nimkoff [Sociology], S. 881 ff. erkennt diese Schwierigkeit und schlägt bestimmte, genauere Formulierungen vor; diese enthalten jedoch immer noch wertende Terme wie „beste Anpassung an einen neuen Kulturzug", „harmonische Integration der Teile der Kultur" usw., so daß der hier erhobene grundlegende Einwand davon nicht berührt wird.
44 Um eine Richtung vorzuschlagen, in der solch eine Neuformulierung gesucht werden könnte, wollen wir anmerken, daß Phänomene des "lag" auch im Gebiet der Naturwissenschaften auftreten. Wenn z. B. ein Gefäß, das eine dickflüssige Flüssigkeit enthält, gekippt wird, vergeht ein bestimmter Zeitraum, bevor sich die Flüssigkeit der neuen Lage im Gefäß „angepaßt" hat. Ebenso zeigen die Wandlungen in einem magnetischen Feld und die resultierende Magnetisierung eines Stahlstücks im Feld eine zeitliche Verzögerung derart, daß die Maxima und Minima der letzteren denen in der Intensität des Felds „hinterherhinken". Gleichwohl gebraucht eine theoretische Darstellung des ersten Phänomens viel mehr deskriptive Begriffe wie den des Gleichgewichts anstatt des normativen Begriffs der guten Anpassung – und im zweiten Fall behauptet die theoretische Analyse nicht, daß die Maxima und Minima der induzierten Magnetisierung früher auftreten „sollten" als sie es wirklich tun, sondern zielt einfach auf eine Beschreibung des zeitlichen "lag" mittels Graphen oder mathematischer Funktionen. Man

kann sich vorstellen, daß die empirische Information, die die Hypothese des Cultural Lag zu geben beabsichtigt, in analoger Weise zufriedenstellend neu formuliert werden könnte. Über diesen Punkt s. auch Lundbergs Diskussion des Cultural Lag und verwandte Begriffe in [Foundations], S. 521 ff.

45 S. z. B. Malinowski [Dynamik] und die von Merton dargestellte eindringliche Studie der funktionalen Analyse in [Social Theory], Kap. I.

46 Eine strenge Explikation der Begriffe des Bereichs der Bestätigung und formalen Einfachheit bietet beträchtliche Schwierigkeiten, aber für unsere gegenwärtigen Zwecke wird ein intensives Verständnis dieser Begriffe hinreichen. Die Merkmale einer guten Theorie werden konzise von Nagel (E I 6), Abschn. 8 erforscht. Der Begriff der Bestätigung wird in den in Anm. 34 aufgeführten Arbeiten behandelt. Bestimmte Aspekte des interessanten Begriffs der Einfachheit werden in Popper [Forschung], Abschn. 31–46, und in Goodman [Appearance], Kap. III, untersucht. Reichenbach [Experience], § 42 schlägt eine Unterscheidung zwischen deskriptiver und induktiver Einfachheit vor.

47 S. [Physique] und [Temperament].

48 Zu genaueren Details, s. Hempel und Oppenheim [Typusbegriff], in Sheldon [Physique], Kap. V und Lazarsfeld und Barton [Qual. Meas.].

49 S. z. B. Dodds „S-Theorie" (ausführlichst in [Dimensions] entwickelt), die in Wirklichkeit keine soziologische Theorie ist, sondern ein System aus Terminologie und Klassifikation, dessen theoretische Bedeutung ausgesprochen problematisch ist.

50 Zu Beispielen und einer detaillierteren Diskussion des Begriffs der Validität, s. Adams [Validity] Dodd [Op. Def.]; Guilford [Methods], S. 279 und S. 421; Thurstone [Reliability], Abschn. 25.

51 Das zweite Kriterium wird z. B. von Stevens und Volkmann (s. [Pitch]) angewandt, die für ihre Tonlistenskala Validität teilweise deswegen beanspruchen, weil sie erlaubt, die durch mehrere Experimentreihen erhaltenen Daten in eine einzige einfache Kurve einzupassen und die auch ein Gesetz von einfacher mathematischer Form erwähnen, das offenbar die Tonhöhe mit bestimmten anatomischen Aspekten des Hörprozesses verknüpft (s. S. 64 und 65 dieser Monographie).

52 Dies wird von Lundberg in seiner Kritik des Umgangsgebrauchs als Standard für die operationale Interpretation soziologischer Terme hervorgehoben; s. [Definitions] und bes. [Measurement].

53 Eine völlig andere Ansicht wird von G. W. Allport vertreten, der darauf insistiert, daß „mathematische oder künstliche Symbole" nicht geeignet sind, Persönlichkeitszüge zu benennen und daß „die Attribute der menschlichen Persönlichkeit nur mit Hilfe der Umgangssprache beschrieben werden können, denn nur sie allein besitzt die notwendige Flexibilität, Subtilität und begründete Verständlichkeit" ([Personality], S. 340). Auf ähnliche Weise behaupten Allport und Odbert bezüglich der Benennung von Persönlichkeitszügen, „Mathematische Symbole können nicht benutzt werden, denn sie sind den Vitalfunktionen, mit denen es der Psychologe zu tun hat, vollkommen fremd" ([Trait-Names], S. V). In Übereinstimmung mit dieser Ansicht heben die Autoren hervor, daß „die empirische Entdeckung von Persönlichkeitszügen im individuellen Leben ein Problem ist, die geeignetsten Namen für die so entdeckten Züge zu isolieren ein ganz anderes ist" (ebda., S. 17).

54 S. L. L. Thurstone [Vectors], [Analysis] und [Abilities]; zu detaillierten Angaben der umfangreichen Literatur s. Wolfe [Factor Analysis].

55 Zum gegenwärtigen Zeitpunkt scheint die theoretische Signifikanz der durch Faktorenanalyse herausgearbeiteten primären Merkmale hauptsächlich in ihrer Fähigkeit zu liegen, eine formal vereinfachte, oder ökonomische, deskriptive Darstellung von Persönlichkeitszügen zu erlauben. Und in der Tat hebt Thurstone wiederholt Überlegungen theoretischer Sparsamkeit hervor (s. z. B. [Vectors], S. 47, 48, 73, 150, 151; [Analysis], S. 333). Die dadurch erreichte Einfachheit ist von der Art, die Reichenbach deskriptiv nennt und die er von induktiver Einfachheit unterscheidet; die letzterwähnte ist eng mit der Prognosekraft und damit der theoretischen Bedeutung verbunden (s. [Experience], Abschn. 42). Der Prognoseaspekt wird nicht deutlich in Thurstones Arbeit hervorgehoben (Thurstone [Analysis], S. 59 ff.). Aber es gibt bestimmte Bemerkungen über die Möglichkeit, daß dem System von Faktoren eine genetische Substruktur unterliegt, die der Faktorenanalyse eine besondere Bedeutung für das Studium mentaler Vererbung und mentalen Wachstums übertragen würde (s. Thurstone [Vectors]; S. 51 und S. 207; und [Analysis], S. 334). Wenn solche Verbindungen ermittelt werden könnten, würden sie den durch Faktorenanalyse entwickelten Begriffssystemen zusätzlich zu dem systematischen Vorteil der deskriptiven Einfachheit theoretische Bedeutung liefern. Zum gegenwär-

tigen Zeitpunkt jedoch kann man wenige, wenn überhaupt irgendwelche Anzeichen allgemeiner Gesetze (kausaler oder statistischer Art) in der Arbeit über Faktorenanalyse entdecken – außer der Feststellung der Independenz bestimmter primärer Persönlichkeitszüge. S. auch Brunswiks Diskussion des vorliegenden Problems in (E I 10).
56 S. die Diskussion in Spence [Learning].
57 Mayr [Systematics], S. 10.
58 Huxley [New. Syst.], S. 20. Mehr Details über diese Konzeption der natürlichen Klassifikation in moderner Taxonomie kann man in Gilmour [Taxonomy], Huxley, op. cit. und Mayr [Systematics] finden.
59 Über die Methodologie klassifikatorischer und verwandter Verfahren in den Sozialwissenschaften s. Lazarsfeld und Barton [Qual. Meas.].
60 Diese Terminologie stammt von Carnap; s. [Log. Found Prob.], Abschn. 4 und 5, wo er zwischen klassifikatorischen, komparativen und quantitativen Begriffen unterscheidet und vergleicht.
61 Nicht ein Numeral (d. h. ein Symbol, das eine Zahl benennt), wie von mehreren Autoren behauptet wurde, eingeschlossen Campbell (s. [Physics], Kap. X; [Measurement], S. 1 und passim; und Campbells Beitrag zu Ferguson [Reports], Reese [Measurement], und Stevens (s. z. B. [Scales] und [Math., Meas. and Ps.]). In [Physics], Kap. X, S. 267, erklärt Campbell jedoch: ,,Metrisierung ist der Prozeß der Zuordnung von Zahlen, um Qualitäten darzustellen". Und in der Tat müssen die Werte quantitativer Begriffe so konstruiert werden, daß sie fähig sind, in mathematische Beziehungen miteinander zu treten – so z. B. die Beziehungen, die durch Newtons Gravitationsgesetz, die Gesetze für das mathematische Pendel, Boyles Gesetz usw. ausgedrückt werden. Sie müssen daher Multiplikation, Wurzelziehen usw. erlauben; und alle diese Operationen gelten für Zahlen, nicht für Numerale. Ähnlich ist es unmöglich, in bedeutungshaltiger Weise von der Entfernung oder der Differenz zweier Numerale zu sprechen.
62 Diese Übersicht folgt teilweise Carnaps Diskussion in [Begriffsbildung], S. 51–53.
63 Genau genommen vergleicht und mißt eine Waage die von der Erde auf die in Schalen gesetzte Körper ausgeübten Gravitationskräfte. Da jedoch diese Kräfte den Massen dieser Objekte proportional sind, kann man eine ,,operationale Definition" der Masse auf den Gebrauch einer Skala gründen. Auf ähnliche Weise gibt Frank (E I 7, S. 12) eine ,,operationale Definition" der Masse eines Körpers als die Grammzahl, die durch Ablesen seines Gewichts auf einer Federwaage in Meeresspiegelhöhe bestimmt wird. Für eine genauere Diskussion des vorliegenden Problems s. Campbell [Measurement], Kap. III und bes. S. 45.
64 Für weitere Details über das Problem des Ordnens und der Metrisierung, wie es im folgenden Abschnitt diskutiert wird, s. Campbells Analysen in [Physics], Teil II und in [Measurement]; Carnap [Begriffsbildung]; von Helmholtz [Zählen und Messen]; Hempel und Oppenheim [Typusbegriff] (über komparative Begriffe); Lenzen (E I 5) (bes. Abschn. 5, 6 und 7, mit Behandlung der Metrisierung von Länge, Zeit und Gewicht); Nagel [Measurement] und [Log. of Meas.]; Russell [Principles], Teil III; Stevens [Math., Meas. and Ps.]; und die präzise Studie von Suppes [Ext. Quant.].
65 In der Logik wird von der Relation V gesagt, sie konstituiere eine Reihe in der Klasse B, wenn sie innerhalb B transitiv, irreflexiv (d. h. für kein x in B gilt xVx) und zusammenhängend (d. h. wenn nicht x = y, dann xVy oder yVx) ist. Unsere Begriffe der K-Irreflexivität, K-Konnexität und der Quasireihe sind Verallgemeinerungen dieser Gedanken und schließen den letzten, wo K die Relation der Identität ist, als Sonderfall ein. Man muß anmerken, daß die folgenden Theoreme u. a. die Konsequenzen der unter (11.2) spezifizierten Bedingungen sind:

(T1) $(x)\ (y)\ \{xKy \equiv (u)\ [(xVu \equiv yVu) \cdot (uVx \equiv uVy)]\}$

(T2) $(x)\ (y)\ (z)\ [(xKy \cdot yVz) \supset xVz]$.

(T1) korrespondiert eng mit einer Definition der Koinzidenz in Form des Vorgehens, wie sie von Campbell benutzt wird; s. [Measurement], S. 5.
66 S. die Diskussion dieses Punkts bei Campbell [Measurement], Kap. III.
67 S. Bollenrath [Härte], wo man auch eine Darstellung neuerer, alternativer komparativer und metrischer Begriffe der Härte finden kann.
68 S. [Physique] und [Temperament].
69 Diese Darstellung der fundamentalen Metrisierung der Masse ist mit Hinsicht auf die Vorführung der grundlegenden logischen Struktur des Prozesses notwendigerweise vereinfacht. Wir müssen Überlegungen wie diejenige unbeachtet lassen, daß das Gleichgewicht einer Waage, die

in jeder Schale ein Gewicht trägt, nicht dadurch gestört zu werden braucht, daß man in einer der Schalen ein zusätzliches Objekt legt, das relativ leicht ist, dessen Masse aber durch fundamentale Messung zu bestimmen ist. Das bedeutet jedoch, daß fundamentale Metrisierung nicht jedem Objekt in B_1 genau eine Zahl zuordnet. Eine detaillierte Diskussion von Problemen dieser Art kann man in Campbell [Measurement] finden.

70 Dieses „daher" gründet sich noch auf eine andere physikalische Tatsache, daß nämlich fundamentale Metrisierung zu jedem Objekt in B_1 eine positive Zahl zuordnet. Dies wäre nur der Fall für die in unseren Definitionen des Aufwiegens und Überwiegens eingeschlossene Festsetzung, daß die Waage in ein Vakuum gestellt ist. Denn in Luft müßten Objekten wie heliumgefüllten Ballons negative Zahlen zugeordnet werden. S. Campbells Bemerkungen zu diesem Punkt in [Physics], S. 319–320 und [Measurement], S. 37–38.

71 Eine vollständige Aufstellung der Bedingungen, auf die ich mich hier beziehe, scheint es in der Literatur nicht zu geben. Die detaillierteste Analyse scheint die Campbells in [Measurement] zu sein. Andere wichtige Beiträge zum Problem kann man in Helmholtz [Zählen und Messen]; Hölder [Quantität]; Nagel [Log. of Meas.] und [Measurement]; Suppes [Ext. Quant.] finden. Betreffs der extensiven Maßprinzipien wollen wir anmerken, daß wir nicht für „x $\bigcirc$ y" fordern können, eine Bedeutung für jedes x und y in B zu haben. In der Tat sind die Kombinationsmodi, auf denen fundamentale Metrisierung basiert, gewöhnlich nicht anwendbar, wenn x und y identisch sind oder gemeinsame Teile besitzen. (Dies wird deutlich durch die von uns in der fundamentalen Metrisierung der Masse herangezogene Operation j gezeigt.) Wir können auch nicht fordern, daß B unter der Operation $\bigcirc$ abgeschlossen sein soll, d. h. wenn immer x und y zu B gehören, daß dann x $\bigcirc$ y wiederum zu B gehört. Denn – um dies für die Operation j zu zeigen – der Verbund zweier großer Körper, von denen jeder nur noch gerade so auf einer Waagschale gewogen werden kann, wird ein Objekt liefern, auf das dieses Verfahren nicht länger anwendbar ist.
Die unter (12.4) niedergelegten Prinzipien sollten entsprechend so konstruiert werden, daß sie auf alle diejenigen Fälle Anwendung finden, wo die erwähnten Kombinationen existieren und zu B gehören – von diesen Fällen kann man annehmen, daß sie eine ziemlich umfassende Menge bilden.

72 Diese Konzeption wurde mir von Professor Carnap vorgeschlagen.

73 Zu einer Beschreibung anderer Methoden s. Guilford [Methods]; Gulliksen [Paired Comparisons]; Thurstone [Methods].

74 S. Stevens und Volkmann [Pitch]; Stevens und Davis [Hearing], bes. Kap. III.

75 Eine ähnliche Methode wurde von Stevens und seinen Mitarbeitern zur Bestimmung von Meßskalen für andere Attribute von Tönen gebraucht; s. z. B. Stevens [Loudness] und Stevens und Davis [Hearing]. Einige Autoren – Campbell eingeschlossen – würden dieses Verfahren nicht als Metrisierung anerkennen, und zwar im wesentlichen deswegen nicht, weil es nicht vom extensiven Typ ist, d. h. es gründet sich nicht auf einen Kombinationsmodus zur Interpretation der Addition. Eine kritische Diskussion des Stevensschen Verfahrens aus dieser Sicht kann man in Ferguson [Reports] finden, wo auch ein Beitrag von Campbell enthalten ist. Aus den im vorliegenden Abschnitt genannten Gründen erscheint die dieser Kritik zugrundeliegende Konzeption der Metrisierung unzulässig eng. So wird auch von Stevens in seinem Artikel [Scales] argumentiert, der seine direkte Antwort enthält und in [Math., Meas. and Ps.]. Zur weiteren Erhellung dieses Problems s. Bergmann und Spence [Psych. Meas.] und Reese [Measurement].

76 Zu Details über diesen wichtigen Punkt, die wiederum die Verbindung zwischen Theoriebildung und Begriffsbildung widerspiegeln und die auch die Gründe zur Ablehnung der Kommensurabilitätsbedingung erläutern, s. von Helmholtz [Zählen und Messen] und Hertz [Comments], bes. S. 103; Campbell [Physics], S. 310–313 und [Measurement], S. 24 und S. 140, und Nagel [Op. An.], S. 184–189.

77 Das Zusammenspiel von Begriffsbildung und Theoriebildung wird auf instruktive Weise in der „Methode der sukzessiven Annäherungen" herausgestellt, auf deren Bedeutung für die Metrisierung Lenzen in (E I 5) aufmerksam macht. Diese Methode zur sukzessiven genaueren Interpretation metrischer Terme setzt klar das Vorhandensein bestimmter Naturgesetze und Theorien voraus.

78 S. z. B. Cohen und Nagel [Logic], Kap. XV, und Bergmann und Spence [Psych. Meas.]; s. auch Duhem [Théorie physique], S. 177–180, wo der Gedanke, der den zwei Unterscheidungen zugrundeliegt, unter der Überschrift „Quantité et qualité" lebhaft dargestellt (obwohl nicht logisch analysiert) wird.

79 Im Zusammenhang mit ihrer klaren analytischen Studie [Psych. Meas.] haben Bergmann und Spence den Versuch gemacht, einen restriktiven Vorbehalt für die zulässigen Kombinationstypen zu spezifizieren. Sie setzen fest, daß die Operation „innerhalb der Dimension" der zu betrachtenden Quantität zu „liegen" habe. Diese Formulierung ist jedoch zu schwer faßbar, um eine Lösung des Problems zu liefern. Man kann z. B. gut argumentieren, daß unsere „künstliche" Operation, für die die Temperatur von Gasen additiv ist, die Bedingung erfüllt, denn sie beinhaltet Metrisierung nur in der „Dimension" der Temperatur. Zu weiteren Beobachtungen über Additivität, s. bes. Carnap [Begriffsbildung], S. 32–35.

80 Einige charakteristische Entwicklungsstadien der Standardfassung zeigen die folgenden Werke: Campbell [Physics], Kapitel 5; Ramsey "Theories", in Ramsey [Fnds. Math.]; Carnap [EI 3], bes. Abschnitte 21–25; Braithwaite [Sci. Expl.], Kapitel I–III; Carnap [Theoret. Concepts]; Hempel [Dilemma]; Nagel [Struct. Sci.], bes. Kapitel 5 und 6; Carnap [Phil. Fnds. Phys.], Teil V; Feigl [Orthodox View]; Hempel [Standard Conception].

81 S. z. B. Hanson [Patterns]; Feyerabend [Expl., Red., Emp.], [Reply], [Anarch.], [Probl. Emp.]; Kuhn [Revol.], [Psychol.], [My Critics].

82 Über die allgemeine Vorstellung der impliziten Definition durch Postulate, s. Anm. 26. Eine Anwendung der Vorstellung neueren Datums auf Theorien in der empirischen Wissenschaft kann man bei Feigl [Orthodox View] finden; eine andere Version, nach der nur eine bestimmte Untermenge theoretischer Postulate, als Bedeutungspostulate bezeichnet, implizite Definitionen für die theoretischen Terme erbringen, wird in Kyburg [Phil. Sci.] vorgeschlagen.

83 Einige der sich aus dem Standardmodell ergebenden Probleme werden in Kutschera [Wissth.], Band I, S. 252–296 diskutiert. Przelecki [Emp. Theories] bietet in einem kleinen Band eine konzise, formal orientierte Analyse der Struktur wissenschaftlicher Theorien in analytisch-empiristischer Argumentationsweise. Eine große Vielzahl logischer, methodologischer und erkenntnistheoretischer Probleme, die theoretische Begriffe betreffen – viele von ihnen außerhalb der Reichweite dieses Buchs – werden systematisch in Stegmüller [Theorie und Erf.] und in Tuomela [Theoret. Conc.] geprüft.

84 Dies wird in Abschnitt 7 von Hempel [Dilemma] gezeigt.

85 Der Ursprung dieses Gedankens liegt in Tarskis Essay [Definierbarkeit], bes. S. 80–83. S. auch die Diskussion des Begriffs der Definierbarkeit in Essler [Wiss. Th. I], III. Kapitel und bes. Abschn. 10.

86 Daß nicht jeder Term in V_T eine ihm zugeordnete Korrespondenzregel haben muß, wurde von Carnap in Abschnitt V von [Theoret. Concepts] hervorgehoben. Eine Version der Vorstellung eines globalen Interpretativsystems für einen theoretischen Kalkül wurde in Abschnitt 8 von Hempels [Dilemma] vorgeschlagen; die hier gegebene Charakterisierung unterscheidet sich von der früheren in einigen Details.

87 Selbst dieser Satz ist nicht aufgrund sprachlicher Konvention allein im strengen Sinne wahr; denn er impliziert, daß das Ableseergebnis immer das gleiche sein wird; gleichgültig, welche Stelle der Thermometeroberfläche mit welcher Stelle auf der Körperoberfläche in Berührung gebracht wird. Der Satz, der diese Implikation ausdrückt, wurde am Ende von Abschn. 4 ein Rechtfertigungssatz genannt: seine Wahrheit muß den Kriteriumssatz legitimieren.

88 Dieser Punkt wurde schon kurz in Abschn. 8 erwähnt, und zwar in den Bemerkungen über die empiristische Bedingung der Testfähigkeit. Der Grundgedanke geht zurück auf Duhem [Th. Phys.], Teil II, wo er auch dazu verwendet wird, die Vorstellung eines kritischen Experiments zurückzuweisen. Zu einer Diskussion dieses Problemkomplexes, s. Kap. 3 von Hempel [Phil. Natw.].

89 S. besonders Quine [Log. Truth]. Quines Gedanken haben meine Ansichten über das Problem stark beeinflußt.

90 Feyerabend [Probl. Emp.], S. 180. Zu neueren Ausarbeitungen der Vorstellung s. Feyerabend [Anarch.], S. 81–90 und [Consolations], S. 219–225; die letzteren Seiten enthalten interessante Erläuterungen über den Ursprung des Grundgedankens und der Bezeichnung „Inkommensurabilität" in Kuhns [Revol.] und Feyerabends [Expl.], die beide 1962 erschienen.

91 Kuhn [Revol.], S. 147–150; über Inkommensurabilität s. auch S. 112, und bes. S. 198 ff. im neuen Nachwort der 2. Auflage, wo der Gedanke weiter ausgearbeitet worden ist und einige der früheren Formulierungen verdeutlicht wurden.

92 Kuhn [Revol.], S. 149–150.

93 Kuhn [Revol.], S. 200.

94 S. z. B. Feyerabend [Anarchy], S. 84 ff.

95 S. Kapitel X aus Kuhn [Revol.].
96 Jeder dieser Autoren hat viele andere herausfordernde Gedanken über wissenschaftliche Theoriebildung vorgelegt, aber sie reichen über den begrenzten Rahmen dieses Buches hinaus. Eine intensive und gründliche Prüfung vieler dieser Gedanken und ein ganz neuartiger Vorschlag für eine strenge analytische Explikation der grundlegenden Ansichten Kuhns über Theorien werden in Stegmüller [Theorienstrukt.] dargestellt. Für eine detaillierte und erhellende kritische Beurteilung der Kuhnschen und Feyerabendschen Vorstellungen über Theorien- und Bedeutungswandel s. Shapere [Meaning].
97 Diese skizzenhaften Beschreibungen bedürfen eingehenderer Angaben und auch bestimmter Modifizierungen; so glaube ich, daß die Anwendungen einer Theorie nicht immer als strikt deduktive Folgerungen abgeleitet werden können, die mittels T von einem Satz in V_A zu einem anderen führen (ein Grund wird in Abschnitt 9 von Hempel [Dilemma] angegeben). Aber derart hohe Anforderungen sind für das hier diskutierte Problem nicht von Wichtigkeit.
98 Anregende Beobachtungen über diese Art, den Gebrauch neuer Terme zu erlernen, und ihre Bedeutung für die Begriffsbildung in der Wissenschaft, werden in Kuhn [Second Thoughts] vermittelt.

Bibliographie

Adams, Henry F. [Validity], "Validity, Reliability and Objectivity" in: "Psychological Monographs", XLVII, No. 2 (1936), 329–350.
Allport, Gordon W. [Personality], Personality: A Psychological Interpretation. New York, 1937 (dtsch.: Persönlichkeit. Struktur, Entwicklung und Erfassung der menschlichen Eigenart. Stuttgart, 1949).
Ayer, Alfred J. [Language], Language, Truth and Logic, 2. Aufl. London, 1946.

Bergmann, Gustav und *Spence,* Kenneth W. [Operationism], "Operationism and Theory in Psychology", Psychological Review, XLVIII (1941), 1–14.
–, [Psych. Meas.], "The Logic of Psychological Measurement", Psychological Review, LI, (1944), 1–24.
Bollenrath, Franz [Härte], „Härte und Härteprüfung" in Handwörterbuch der Naturwissenschaften, Vol. V, Hrsg. R. Ditler et al., 2. Aufl. Jena, 1931–35.
Braithwaite, Richard B. [Sci. Expl.]. Scientific Explanation. Cambridge, 1953.
Bridgman, P. W. [Modern Physics], The Logic of Modern Physics. New York,1927.
–, [Physical Theory], The Nature of Physical Theory, Princeton,1936.
–, [Op. An.], "Operational Analysis", Philosophy of Science, V (1938), 114–131.
–, [Concepts], "The Nature of some of Our Physical Concepts", British Journal for the Philosophy of Science, I, 157–172 (1951); II, 25–44 und 142–160 (1951). Auch als eigene Schrift erschienen. New York, 1952.
Brunswik, Egon (E I 10), The Conceptual Framework of Psychology. E I 10. Chicago, 1952.

Campbell, Norman R. [Physics], Physics: The Elements. Cambridge, England 1920.
–, [Measurement], An Account of the Principle of Measurement and Calculation. London und New York,1928.
Carnap, Rudolf, [Begriffsbildung], Physikalische Begriffsbildung, Karlsruhe 1926 (fotomech. Nachdruck, Darmstadt 1966).
–, [Aufbau], Der logische Aufbau der Welt, Berlin 1928 (unveränderter Nachdruck: Hamburg 1960).
–, [Testability], "Testability and Meaning", Philosophy of Science, III (1936), 419–471 und IV (1937), 1–40. Neudruck als Buch mit Korrekturen und zusätzlicher Bibliographie vom Autor vom Graduate Philosophy Club. Yale University,1950.
–, [Syntax], Logical Syntax of Language, London,1937.
–, (E I 1), "Logical Foundations of the Unity of Science" in E I 1, S. 42–62, Chicago 1938. Wiederabgedruckt in *Feigl* und *Sellars* [Readings].
–, (E I 3), Foundations of Logic and Mathematics. E I 3. Chicago, 1950.
–, [Log. Found. Prob.], Logical Foundations of Probability. Chicago, 1950.
–, [Theoret. Concepts]. "The Methodological Character of Theoretical Concepts", in H. Feigl und M. Scriven (eds.), Minnesota Studies in the Philosophy of Science, Vol. I. Minneapolis, 1956. (dtsch.: „Theoretische Begriffe der Wissenschaft", in: *G. Eberlein/W. Kroeber-Riel/W. Leinfellner* (Hrsg.), Forschungslogik der Sozialwissenschaften. Düsseldorf, 1974).
–, [Phil. Fnds. Phys.], Philosophical Foundations of Physics, ed. M. Gardner. New York, London, 1966.
Chapin, F. Stuart [Institutions], Contemporary American Institutions. New York, 1935.
Chisholm, Roderick M. [Conditional], "The Contrary-to-Fact Conditional", Mind, LV (1946), 289–307. Reprinted in *Feigl* and *Sellars* [Readings].
Church, Alonzo [Articles], Articles "Definition" and "Recursion, Definition by", in D. D. *Runes* (ed.), The Dictionary of Philosophy. New York, 1942.
Cohen, Morris R., and *Nagel,* Ernest [Logic], An Introduction to Logic and Scientific Method. New York, 1934.

Dodd, Stuart C. [Dimensions], Dimensions of Society. New York, 1942.
—, [Op. Def.], "Operational Definitions Operationally Defined", American Journal of Sociology, XLVIII (1942–43), 482–489.
Dubislav, Walter [Definition], Die Definition. 3. Aufl. Leipzig, 1931.
Duhem, Pierre [Th. Phys.]. La Théorie Physique: Son Objet et Sa Structure. Paris, 1906. (dtsch.: Ziel und Struktur der physikalischen Theorien. Leipzig, 1908).

Eaton, R. M. [Logic], General Logic. New York, 1931.
Einstein, Albert [Method], On the Method of Theoretical Physics. Herbert Spencer Lecture. Oxford, 1933.
Essler, Wilhelm K. [Wiss. Th. I]. Wissenschaftstheorie I: Definition und Reduktion. Freiburg/München, 1970.

Feigl, Herbert [Operationism], "Operationism and Scientific Method", Psychological Review, LII (1945), 250–259. Neudruck mit einigen Änderungen, in *Feigl* and *Sellars* (Readings).
—, and *Sellars,* Wilfrid (eds.) [Readings], Readings in Philosophical Analysis. New York, 1949.
—, [Orthodox View]. "The 'Orthodox' View of Theories: Remarks in Defense as well as Critique", in M. *Radner* and S. *Winokur* (eds.), Minnesota Studies in the Philosophy of Science, vol. IV, Minneapolis, 1970.
Ferguson, A. [Reports], *Ferguson,* A., et al., "Interim Report of Committee Appointed to Consider and Report upon the Possibility of Quantitative Estimates of Sensory Events", Report of the British Association for the Advancement of Science, 1938, 277–334; and *Ferguson,* A., et al., "Final Report . . . ", ibid., 1940, 331–349.
Feyerabend, Paul K. [Expl.]. "Explanation, Reduction, and Empiricism", in H. *Feigl* and G. *Maxwell* (eds.), Minnesota Studies in the Philosophy of Science, vol. III. Minneapolis, 1962.
—, [Probl. Emp.]. "Problems of Empiricism", in R. *Colodny* (ed.), Beyond the Edge of Certainty. Englewood Cliffs, New Jersey, 1965.
—, [Anarch.]. "Against Method: Outline of an Anarchistic Theory of Knowledge", in M. *Radner* and S. *Winokur* (eds.), Minnesota Studies in the Philosophy of Science, vol. IV. Minneapolis, 1970.
—, [Consolations]. "Consolations for the Specialist", in I. *Lakatos* and A. *Musgrave* (eds.), Criticism and the Growth of Knowledge. Cambridge, 1970.
Finlay-Freundlich, E. (E I 8), Cosmology. E I 8. Chicago, 1946.
Frank, Philipp (E I 7), Foundations of Physics. E I 7. Chicago, 1946.

Gilmour, J. S. L. [Taxonomy], "Taxonomy and Philosophy", in Julian *Huxley* (ed.), The New Systematics, 461–474. Oxford, 1940.
Goodman, Nelson [Counterfactuals], "The Problem of Counterfactual Conditionals", Journal of Philosophy, XLIV (1947), 113–128.
—, [Appearance], The Structure of Appearance. Cambridge, Mass., 1951.
Guilford, J. P. [Methods], Psychometric Methods. New York and London, 1936.
Gulliksen, H. [Paired Comparisons], "Paired Comparisons and the Logic of Measurement", Psychological Review, LIII (1946), 199–213.

Hanson, Norwood Russell [Patterns]. Patterns of Discovery. Cambridge, 1958.
Hart, Hornell [Report], "Some Methods for Improving Sociological Definitions: Abridged Report of the Subcommittee on Definition of Definition of the Committee on Conceptual Integration", American Sociological Review, VIII (1943), 333–342.
Helmer, Olaf, and *Oppenheim,* Paul [Degree], "A Syntactical Definition of Probability and of Degree of Confirmation", Journal of Symbolic Logic, X (1945), 25–60.
Helmholtz, Hermann von [Zählen und Messen], „Zählen und Messen", in von Helmholtz, Schriften zur Erkenntnistheorie. Herausgegeben und erläutert von Paul *Hertz* und Moritz *Schlick.* Berlin, 1921.
Hempel, Carl G. [Emp. Crit.], "Problems and Changes in the Empiristic Criterion of Meaning", Revue internationale de philosophie, No. 11 (1950), 41–63 (dtsch.: „Probleme und Modifikationen in Empiristischen Sinnkriterien", in: Zur Philosophie der idealen Sprache, hrsg. von J. *Sinnreich.* München, 1972, S. 104 ff.).
—, [Cogn. Signif.], "The Concept of Cognitive Significance: A Reconsideration", Proceedings of the American Academy of Arts and Sciences, LXXX, Nr. 1 (1951), 61–77 (dtsch.: „Der Begriff der Kognitiven Signifikanz", in: Zur Philosophie der idealen Sprache, a. a. O., S. 126 ff.).

Hempel, Carl G. [Dilemma]. "The Theoretician's Dilemma" (1958), reprinted in Hempel [Aspects].
—, [Aspects]. Aspects of Scientific Explanation and Other Essays in the Philosophy of Science. New York, 1965.
—, [Standard Conception]. "The 'Standard Conception' of Scientific Theories", in M. *Radner* and S. *Winokur* (eds.), Minnesota Studies in the Philosophy of Science, vol. IV, Minneapolis, 1970.
—, [Phil. Natw.]. Philosophie der Naturwissenschaften. München, 1974.
—, [Explan.], "Studies in the Logic of Explanation", Philosophy of Science, XV (1948), 135–175.
—, und *Oppenheim,* Paul [Typusbegriff], Der Typusbegriff im Lichte der neuen Logik. Leiden, 1936.
Hertz, Paul [Comments], Kommentare zum Zählen und Messen, enthalten in von *Helmholtz* Zählen und Messen.
Hilbert, David [Grundlagen], Grundlagen der Geometrie. Leipzig, 4. Aufl., 1913.
Hölder, O. [Quantität], „Die Axiome der Quantität und die Lehre vom Maß", Ber. d. Sächs. Gesellsch. d. Wiss., math.-phys. Klasse, 1901, 1–64.
Hogben, Lancelot [Interglossa], Interglossa. Penguin Books, 1943.
Hull, C. L. [Behavior], Principles of Behavior. New York, 1943.
—, [Int. Var.], "The Problem of Intervening Variables in Behavior Theory", Psychological Review, L (1943), 273–291.
—, *Hovland,* C. I.; *Ross,* R. T.; *Hall,* M.; *Perkins,* D. T.; and *Fitch,* F. B. [Rote Learning], Mathematico-deductive Theory of Rote Learning. New Haven, 1940.
Hutchinson, G. Evelyn [Biology], "Biology", Encyclopaedia Britannica (1948).
Huxley, Julian [New Syst.], "Towards the New Systematics", in Julian *Huxley* (ed.), The New Systematics, 1–46. Oxford, 1940.

Kaplan, A. [Def. and Spec.], "Definition and Specification of Meaning", Journal of Philosophy, XLIII (1946), 281–288.
Koch, Sigmund [Motivation], "The Logical Character of the Motivation Concept", Psychological Review, XLVIII (1941), 15–38 und 127–154.
Kuhn, Thomas S. [Revol.]. The Structure of Scientific Revolutions. Chicago, 1962; second, enlarged, edition, Chicago, 1970. (dtsch.: Die Struktur wissenschaftlicher Revolutionen. Frankfurt, 1967. Postskript 1969 in: Peter *Weingart* (Hrsg.), Wissenschaftssoziologie I, Frankfurt, 1972).
—, [Psychol.]. "Logic of Discovery or Psychology of Research?", in I. *Lakatos* and A. *Musgrave* (eds.), Criticism and the Growth of Knowledge. Cambridge, 1970.
—, [My Critics]. "Reflections on My Critics", in I. *Lakatos* and A. *Musgrave* (eds.), Criticism and the Growth of Knowledge. Cambridge, 1970.
—, [Second Thoughts]. "Second Thoughts on Paradigms", in F. *Suppe* (ed.), The Structure of Scientific Theories. Urbana, Illinois, 1974.
Kutschera, Franz von [Wissth.]. Wissenschaftstheorie, Band I, II. München, 1972.
Kyburg, H. E. [Phil. Sci.]. Philosophy of Science: A Formal Approach. New York, 1968.

Lasswell, Harold and *Kaplan,* Abraham [Power and Soc.], Power and Society. New Haven, 1950.
Lazarsfeld, Paul F. and *Barton,* Allen H. [Qual. Meas.], "Qualitative Measurement in the Social Sciences: Classification, Typologies, and Indices" in Daniel *Lerner* and Harold D. *Lasswell* (eds.), The Policy Sciences, 155–192, Stanford/Calif., 1951.
Lenzen, Victor F. (E I 5), Procedures of Empirical Science. E I 5. Chicago, 1938.
Lewis, C. I. [Analysis], An Analysis of Knowledge an Valuation. La Salle, Ill., 1946.
Lundberg, George A. [Foundations], Foundations of Sociology. New York, 1939.
—, [Measurement], "The Measurement of Socioeconomic Status", American Sociological Review, V (1940), 29–39.
—, [Definitions], "Operational Definitions in the Social Sciences", American Journal of Sociology, XLVII (1941–42), 727–743.

Mac*Corquodale,* Kenneth and *Meehl,* Paul E. [Distinction], "On a Distinction between Hypothetical Constructs and Intervening Variables", Psychological Review, LV (1948), 95–107.

Malinowski, Bronislaw [Dynamics], The Dynamics of Culture Change. Ed. Phyllis. M. *Kaberry.* New Haven, 1945 (dtsch.: Die Dynamik des Kulturwandels. Wien/Stuttgart, 1951).
Margenau, Henry [Reality], The Nature of Physical Reality. New York, 1950.
Mayr, Ernst [Systematics], Systematics and the Origin of Species. New York, 1942.
Merton, Robert K. [Social Theory], Social Theory and Social Structure. Glencoe, Ill., 1949.
Morris, Charles (E I 2), Foundations of the Theory of Signs. E I 2. Chicago, 1938 (dtsch.: Grundzüge der Zeichentheorie, München, 1972).

Nagel, Ernest [Log. of Meas.], On the Logic of Measurement. (Thesis, Columbia University, 1931). New York, 1930.
–, [Measurement], "Measurement", Erkenntnis, II (1931), 313–333.
–, [Geometry], "The Formation of Modern Conceptions of Formal Logic in the Development of Geometry", Osiris, VII (1939), 142–224.
–, (E I 6), Principles of the Theory of Probability. E I 6. Chicago, 1939.
–, [Op. An.], "Operational Analysis as an Instrument for the Critique of Linguistic Signs", Journal of Philosophy, XXXIX (1942), 177–189.
–, [Reduction], "The Meaning of Reduction in the Natural Sciences", in: Robert C. *Stauffer* (ed.), Science and Civilization. Madison/Wis., 1949.
–, [Struct. Sci.]. The Structure of Science. New York, 1961.
Neumann, John von and *Morgenstern,* Oskar [Games], Theory of Games and Economic Behavior. 2d ed., Princeton, 1947 (dtsch.: Spieltheorie und wirtschaftliches Verhalten. Würzburg, 1961).
Northrop, F. S. C. [Logic], The Logic of the Sciences and the Humanities. New York, 1947.
–, [Einstein], "Einstein's Conception of Science" in P. A. *Schilpp* (ed.), Albert Einstein: Philosopher-Scientist, 387–408. Evanston, Ill., 1949.

Ogburn, William F. [Social Change], Social Change. New York, 1922.
–, and *Nimkoff,* Meyer F. [Sociology], Sociology. New York, 1940.

Pap, Arthur [Anal. Philos.], Elements of Analytic Philosophy. New York, 1949. (dtsch.: Analytische Erkenntnistheorie. Wien, 1955).
Peano, Guiseppe [Définitions], „Les Définitions mathématiques", Bibliotheque du Congres International de Philosophie (Paris), III (1901), 279–288.
Popper, Karl [Forschung], Logik der Forschung. Wien, 1935. Neue Aufl., Tübingen, 1966.
Przelecki, Marian [Emp. Theories]. The Logic of Empirical Theories. London/New York, 1969.

Quine, W. V. [Convention], "Truth by Convention" in Philosophical Essays for A. N. Whitehead, 90–124. New York, 1936. Wiederabgedruckt in *Feigl* and *Sellars* Readings.
–, [Math. Logic], Mathematical Logic. New York, 1940.
–, [Dogmas], "Two Dogmas of Empiricism", Philosophical Review, XL (1951), 20–43 (dtsch.: „Zwei Dogmen des Empirismus", in: Philosophie der idealen Sprache, a. a. O., S. 167 ff.).
–, [Log. Truth]. "Carnap and Logical Truth", (1963) reprinted in *Quine,* The Ways of Paradox and Other Essays. New York, 1966.

Ramsey, Frank P. [Fnds. Math.]. The Foundations of Mathematics. Cambridge, 1931.
Reese, Thomas W. [Measurement], The Application of the Theory of Physical Measurement to the Measurement of Psychological Magnitudes, with Three Experimental Examples. "Psychological Monographs", Vol. LV, No. 3 (1943).
Reichenbach, Hans [Axiomatik], Axiomatik der relativistischen Raum-Zeit-Lehre. Braunschweig, 1924. Neuauflage Braunschweig, 1965.
–, [Raum-Zeit-Lehre], Philosophie der Raum-Zeit-Lehre. Berlin, 1928.
–, [Experience], Experience and Prediction. Chicago, 1938.
–, [Quantum Mechanics], Philosophic Foundations of Quantum Mechanics. Berkeley und Los Angeles, 1944.
–, [Logic], Elements of Symbolic Logic. New York, 1947.
–, [Probability], Theory of Probability. Berkeley and Los Angeles, 1949.
–, [Rise], The Rise of Scientific Philosophy, Berkeley and Los Angeles, 1951. (dtsch.: Der Aufstieg der wissenschaftlichen Philosophie, Berlin-Grunewald 1953, 2. Aufl. Braunschweig, 1969.)
Robinson, Richard [Definition], Definition. Oxford, 1950.

Russell, Bertrand [Math. Philos.], Introduction to Mathematical Philosophy 2. Aufl. London, 1920. (dtsch.: Einführung in die mathematische Philosophie. Darmstadt/Genf, o. J.)
–, [Principles], Principles of Mathematics, 2. Aufl. New York, 1938.

Sargent, S. Stansfeld und *Smith*, Marian W. (Hrsg.), [Cult. and Pers.], Cultur and Personality: Proceedings of an Inter-disciplinary Conference held under Auspices of the Viking Fund, November 7 and 8, 1947. New York, 1949.
Schlick, Moritz [Erkenntnislehre], Allgemeine Erkenntnislehre, 2. Aufl. Berlin, 1925.
Shapere, Dudley [Meaning]. "Meaning and Scientific Change", in R. *Colodny* (eds.), Mind and Cosmos. Pittsburgh, 1966.
Sheldon, W. H. [Physique], The Varieties of Human Physique. Unter Zusammenarbeit von S. S. Stevens und W. B. Tucker. New York und London, 1940.
–, [Temperament], The Varieties of Temperament. Unter Mitarbeit von S. S. Stevens. New York und London, 1945.
Sommerhoff, G. [Analyt. Biol.], Analytical Biology. London, 1950.
Spence, Kenneth W. [Theory Construction], "The Natur of Theory Construction in Contemporary Psychology", Psychological Review LI (1944), 47–68.
–, [Learning], "Theoretical Interpretations of Learning", in S. S. Stevens (ed.), Handbook of Experimental Psychology, 690–729. New York und London, 1951.
Stegmüller, Wolfgang [Theorie und Erf.]. Theorie und Erfahrung. Berlin, Heidelberg, New York, 1970.
–, [Theorienstruk.]. Theorienstrukturen und Theoriendynamik. Berlin, Heidelberg, New York, 1973.
Stevens, S. S. [Loudness], "A Scale for the Measurement of a Psychological Magnitude: Loudness", Psychological Review, XLIII (1936), 405–416.
–, [Scales], "On the Theory of Scales of Measurement", Science, CIII, (1946), 677–680.
–, [Math., Meas., and Ps.], "Mathematics, Measurement and Psychophysics" in: S. S. Stevens (ed.), Handbook of Experimental Psychology, 1–49. New York und London, 1951.
Stevens, S. S. und *Volkmann*, J. [Pitch], "The Relation of Pitch to Frequency: A Revised Scale", American Journal of Psychology, LIII, (1940), 329–53.
–, und *Davis*, H. [Hearing], Hearing: Its Psychology and Physiology. New York, 1938.
Suppes, Patrick [Ext. Quant.], "A Set of Independent Axioms for Extensive Quantities", Portugaliae Mathematica, X, Fasc. 4 (1951), S. 163–172.

Tarski, Alfred [Definierbarkeit]. „Einige methodologische Untersuchungen über die Definierbarkeit der Begriffe", Erkenntnis 5, 80–100 (1935).
–, [Logic], Introduction to Logic and to the Methodology of Deductive Sciences, New York 1941. (dtsch.: Einführung in die mathematische Logik. Göttingen, 1966.)
–, [Truth], "The Semantic Conception of Truth", Philosophy and Phenomenological Research, IV (1943–44), 341–375. Wiederabdruck in *Feigl* und *Sellars* (Readings). (dtsch.: „Die semantische Konzeption der Wahrheit" in: Zur Philosophie der normalen Sprache, a. a. O., S. 53 ff.).
Thurstone, L. L. [Reliability], The Reliability and Validity of Tests. Ann Arbor/Mich., 1932.
–, [Vectors], The Vectors of Mind. Chicago, 1935.
–, [Abilities], Primary Mental, Abilities, "Psychometric Monographs", No. 1. Chicago, 1943.
–, [Analysis], Multiple-Factor Analysis. Chicago, 1947.
–, [Methods], "Psychophysical Methods" in: T. G. *Andrews* (ed.) Methods of Psychology, Kap. V. New York und London, 1948.
Tolman, E. C. [Op. Behav.], "Operational Behaviorism and Current Trends in Psychology", Proceedings of the Twenty-fifth Anniversary Celebration of the Inauguration of Graduate Study, Los Angeles, University of Southern California, 1936, 89–103.
Tuomela, Raimo [Theoret. Conc.]. Theoretical Concepts. Wien und New York, 1973.

Wald, Abraham [Statist. Inf.], On the Principles of Statistical Inference, Notre Dame: University of Notre Dame, 1942.
Walker, A. G. [Foundations], "Foundations of Relativity: Parts I and II", Proceedings of the Royal Society, Edinburgh, LXII (1943–1949), 319–335.
White, Morton G. [Analytic], "The Analytic and the Synthetic: An Untenable Dualism" in S. *Hook* (ed.) John Dewey: Philosopher of Science and of Freedom, 316–330. New York, 1950.

Wolfe, Dael [Factor Analysis], Factor Analysis to 1940. Chicago, 1940.
Woodger, J. H. [Ax. Meth.], The Axiomatic Method in Biology. Cambridge, England, 1937.
–, (E II 3) The Technique of Theory Construction, E II 5. Chicago, 1939.
Woodrow, H. [Laws], "The Problem of General Quantitative Laws in Psychology",
   Psychological Bulletin, XXXIX (1942), 1–27.